네가 너무 소중해서

네가 너무 소중해서

세상에서 가장 귀한 너에게 해주는 46가지 이야기

프롤로그

너와 나 우리에게

◆

처음 이 원고를 쓰기 시작했을 때, 저는 한 사람을 떠올렸습니다. 나와 가장 가까운 존재이자 가장 사랑하는 동생이었죠. 하지만 글을 써 내려갈수록 글에 고이 담기고 있었던 문장들은 제 동생만이 아니라, 저처럼 조금 지치고, 흔들리고, 가끔은 외로운 마음으로 버티는 그 누군가를 향하고 있을지도 모른다는 걸 알게 되었습니다.

어쩌면 지금 이 책을 집은 당신일지도요.

이 책은 멋진 인생을 말하지 않아요. 성공이나 성장, 반짝이는 성과보다 저는 '그냥 괜찮게 살아가는 법'을 이야기하고 싶었습니다. 조금은 망설이고, 가끔은 실수하고, 애써 평정심을 유지해 보려다 울컥하는 날들이 반복되는 인생. 그 속에서 나를 다그치지 않고, 끝까지 안아주는 법을요.

겉으론 멀쩡해 보이지만, 마음속에선 늘 무언가가 출렁이고 있다면. '이렇게 사는 게 맞는 걸까'라는 질문 앞에서 자주 멈춰 선다면.

그런 당신을 위해 이 책이 존재했으면 좋겠다고, 진심으로 바랐습니다.

참고로, 글 마지막에 '-하는 언니가'는 일부러 본문과 대치되는 상황을 썼습니다. 그만큼 언니도 같은 고민을 했었고, 지금도 하고 있는, 너와 다르지 않은 방황하는 인간이란 것을 표현하고 싶었습니다.

살다 보면 자꾸 남들과 비교하게 됩니다. 더 잘해 내는 사람들, 더 부지런한 삶, 더 완벽해 보이는 일상들. 하지만 당신은 지금도 충분히 잘해 내고 있어요. 비교 대신 자신의 삶을 쓰다듬을 수 있는 사람이 되길, 부족한 순간에도 나를 덜 미워할 수 있길 바랍니다.

목차

프롤로그 · 6

1장
◆
어떻게 살아가야 할까

아직도 사춘기는 지나가지 않았다 : 내가 누군지 모르겠다 느낄 때 · 16

실패는 너를 풍요롭게 만들어 : 실패를 두려워하지 마라 · 20

마주 보는 연습 : 두려움을 이겨내는 법 · 23

돌다리는 두드려야 제맛 : 조바심이 들 때 · 26

걱정은 우리 둘째 이름 같은 거니까 : 지나치게 걱정하지 않기 · 29

눈에 띄지 않아도 괜찮아 : 버티기의 힘 · 34

완벽한 때란 없다 : 완벽주의 벗어나기 · 38

계속해 보는 마음 : 재능이 없다고 느껴질 때 · 42

어른이라는 이름의 무게 : 어른이 된 내가 버거울때 · 46

2장

◆
언제나 행복하게

놀이터에서 깨닫다 : 하고 싶은 것과 해야 하는 것의 괴리 • 52

앞문이 닫히면 뒷문이 열린다 : 굳이 좌절할 필요 없는 이유 • 57

후회는 또 다른 후회를 낳고 : 과거에 너무 집착하지 말것 • 61

어디서든 당당하게 : 자신감 있는 내가 되는 법 • 66

내게는 어떤 일이든 일어날 수 있다 : 삶에 겸손해야 하는 이유 • 72

조금 더 나은 나를 위한, 하루 10분의 기적 : 좀 더 멋진 사람이 되고 싶을 때 • 77

앞날을 열어주는 독서의 힘 : 독서를 해야 하는 이유 • 82

기댈 곳 : 바빠도 취미를 가져야 하는 이유 • 87

나이 듦을 받아들이는 태도 : 늙어가는 것이 두려울 때 • 91

3장

◆

커리어와 미래가 불안해요

괜찮은 길은 분명히 있어 : 좋은 직장을 찾을 수 있을까 • 98

길이 되어가는 중이니까 : 내가 하는 일이 미래에도 유망할까 • 102

두 마리 토끼 잡기 : 안정적인 직장과 하고 싶은 일 사이에서 • 105

세상에 공짜는 없다 : 워라밸을 챙기면서도 성공할 수 있을까 • 109

깔끔하고 자신 있게! : 회사를 그만두고 싶을 때 • 114

누구에게나 처음은 있다 : 처음이라 두려울 때 • 118

이미 이뤄낸 이야기 : 눈에 보이는 무언가를 성취하고 싶을 때 • 121

직장의 온도 : 직장 선후배와 적당히 잘 지내는 법 • 125

일잘러들의 숨겨진 특징 : 내게 주어진 업무를 잘하고 싶을 때 • 130

4장
◆
관계와 외로움

내 편이 아무도 없다고 느껴질 때 : 외로움 이겨내기 · 138

대화 잘하는 법 : 경청의 힘 · 142

가까운 사람과의 관계에서 지켜야 할 것 : 예의는 어디서든 통한다 · 147

추운 겨울을 지나고 있는 너에게 : 막연한 불안감이 몰려올 때 · 151

천천히, 신중하게, 용기 있게 : 결혼이 망설여질 때 · 156

지금 더 많이 사랑해야지, 더 많이 표현해야지
   : 부모님과 죽음으로 인한 헤어짐이 갑자기 무서워질 때 · 160

슬플 때 울 수 있는 용기 : 눈물을 참을 수 없을 때 · 164

나쁜 감정은 절대 나쁜 게 아니야 : 나쁜 감정에 괴로울 때 · 168

생명의 무게 : 반려동물을 키우고 싶을 때 · 173

5장

정신건강과 번아웃

감정에 좌지우지되는 건 정상이다 : 감정 기복에 괴로울 때 • 180

이별 담담히 받아들이기 : 이별이 두려울 때 • 184

내 인생에 집중하고 싶다면, 타인을 놓아라 : 삶의 중심이 흔들릴 때 • 188

고요한 일상에 감사하는 마음 : 같은 일상이 지루하게 느껴질 때 • 192

행복을 쌓아가는 방식 : 소소한 행복 자주 즐기기 • 196

번아웃과 토스트 아웃 : 힘들 땐 쉬어라 • 201

쿨해보이는 표정은 이제 그만 : 젊은이의 냉소는 위험하다 • 205

즐거운 눈싸움 : 회복 탄력성 • 209

무언가에 깊이 빠져드는 것의 가치 : 몰입의 힘 • 214

모든 것이 나의 일부다 : 나다운 사람 되는 법 • 219

에필로그 : 너무 소중해서 • 224

네가 너무 소중해서

1장

어떻게 살아가야 할까

아직도 사춘기는 지나가지 않았다

내가 누군지 모르겠다 느낄 때

계량한복을 입은 꼬장꼬장한 표정의 그녀. 언니 고등학교 시절 윤리 선생님 이야기야. 선생님은 자주 우리에게 주문했지. '네가 좋아하거나 싫어하는 것을 생각나는 대로 적어 보자.' 그 시절 언니가 너에게도 추천해 준 방법이었고, 그래서 함께 따뜻한 방바닥에 엎드려 귤을 까먹으면서 하나씩 적어 갔던 거 기억나니? 뭘 할 때 편안한지. 뭘 할 때 주눅이 드는지, 뭘 할 때 마음이 불편한지. 그리고 어떤 사람 앞에서 진짜 나 같은지. 이런 감정을 우리끼리 자주 메모했던 거.

문득 나라는 사람이 누구인지 모르겠다고 느낄 때가 있니? 언니는 자주 있었던 것 같아. 사춘기가 시작되면서 궁금했던 것이 아직도 갈피를 못 잡고 흔들릴 줄 누가 알았겠니. 마흔쯤 되면 세상 만물을 어느 정도 알고, 나라는 사람에 대한 건 벌써 깨우치고도 남았을 거로 생각했는데, 아직도 잘 모르는 게 많구나.

그럴 때 그 꼬장꼬장한 윤리 선생님이 가르쳐 준 방법이 떠올라. 우리가 생각하는 나는 한가지 특성으로만 생각할 수 없는, 아주 다면적인 존재라서 나 자신도 다 알 수가 없어. 그래서 우리는 우리가 누구인지 모르고 헤매는 게 당연한 것이 아닐까. 그리고 너 자신이 누구인지는 한 번 정하면 끝나는 게임 속 캐릭터가 아니야. 나이가 들면서, 여러 가지 경험을 지속하면서 계속 바뀌는 거야. 지금 모른다고 해서 영영 모를 것도 아니고, 지금 알았다고 해도 내일은 달라질 수 있지. 그러니 생각나는 대로 나의 취향이나 가치관 같은 것들을 적어 가는 것이 나를 알 수 있는 하나의 방법이 되는 거야.

또 한 가지는, '해야 할 일' 말고 '하고 싶은 일'을 해 보는 거야. 거창한 걸 생각할 필요는 없어. 평소에 배우고 싶었던 것도 좋고, 사소하게는 혼자 카페 가기, 그림 그리기, 걷기, 낮잠 자기, 글쓰기 같은 것들. 남 눈치 보지 않고 뭔가를 해 보는 순간, '나'라는 감각이 살짝 돌아올 수 있어. 언니가 요즘 들어서 해 보았던 작은 도전은 아주 어릴 적 가 보고 한 번도 가지 않았지만, 꼭 다시 가 보고 싶었던 대중목욕탕에 가는 일이었어. 초등학교 시절 엄마, 너와 셋이 갔던 목욕탕에 대한 기억은 나에게는 엄청 따뜻하고 재미있는 기억으로 남아 있거든. 그런데 코로나 19를 지나면서 많은 목욕탕이 폐업해 찾기 어려워지기도 했고, 나도 조금씩 커 가면서 부끄러움 때문에 가지 못했었어. 그런데 거길 처음으로 혼자 가 봤어. 추억을 상기시키기 위해서도 있지만, 내가 해 보지 못한 경험을 해 보고 싶어서였어. 그러면서 내가 어떤 사람인지 생각하게 되더라. 나는 남의 눈을 많이 의식하지만 해 보고 싶었던 걸 할 때는 가슴 뛰게 행복해하는 사람이라는 걸. 남들이 보기엔 별 것 아닌데도 나에 대해 알 수 있는 시간이었어.

조용히 명상을 해 보는 것도 좋은 방법이야. 편안한 자세를 취하고 심호흡을 반복적으로 하면서 '나는 누구인가'를 생각해 보는 거지. 당연히 처음부터 신의 계시를 받듯 내가 누구인지 바로 알 수는 없어. 그래도 계속 내게 다시 묻는 거야. '나는 누구일까, 나는 누구일까.' 그러면 머릿속을 어지럽히던 잡념이 없어지면서 그 질문에 집중하게 돼. 아마 답을 찾을 순 없겠지만 그것만으로도 나라는 사람은 어떤 사람인가를 고민해 볼 좋은 기회가 될 수 있어.

지금 흔들리는 건 네 안에서 뭔가가 변하고 있다는 뜻이야. 아직 모양이 다 잡히진 않았지만, 분명 예전과는 다른 방향으로(물론 좋은 방향으로) 가고 있는 것은 틀림이 없어. 이 과정은 꼭 필요한 거야. 특히 인공지능 시대를 살아가는 우리는 인간으로서의 정체성을 알고 그것을 활용해서 인간의 자리를 지켜가는 것이 무엇보다 중요해졌어. 그럴 때 가장 먼저 질문해야 할 것이 바로 '나는 누구인가, 그리고 어떻게 살아야 할 것인가'이지.

네가 어떤 사람인지 고민해 보면서 네가 가진 것이 무엇인지 곰곰이 생각해 보는 것도 물론 좋지만 네가 어떤 사람인지 모르겠다고 그걸 당장 찾아야겠다고 조급해할 필요 없어. 살면서 차근차근 나라는 사람을 만들어가는 것도 방법이야. 일단 하루하루를 열심히 살아내다 보면 그 과정에서 내가 어떤 사람인지 자연스럽게 드러나기도 하거든. 만들어지기도 하고 말이야. 아까 말했듯이 꼭 한 가지로 드러나지는 않겠지만 이 방법도 좋은 방법이야.

끝없는 질문과 탐구에도 네가 누구인지 알 수 없을 수도 있어. 하지만 그것을 찾아가는 과정 안에서 너는 많은 것을 배우게 될 것이고, 느끼게 될 거야. 그것만으로도 우리는 살아갈 힘을 충분히 얻을 수 있어. 어떻게 살아야 하는가에 대한 질문도 어쩌면 찾을 수도 있겠지. 어떻게 살아야 하는가는 자신이 어떤 사람인지를 알고 거기에 맞춰서 내가 원하는 대로, 믿고 있는 신념대로 그리고 내가 지향하는 목표대로 살아가면 충분한 거야.

동생아, 지금도 넌 자신이 누구인가에 대해 많은 생각을 하며 살고 있겠지. 넌 생각이 많은 사람이니까. 분명한 것은 그런 질문을 던지는 너는 앞으로 더 발전되는 삶을 살게 될 거라는 거야. 살아가는 데 이것만큼 중요한 질문은 없으니까. 만약 세상에서 한 가지 질문만이 남는다면 바로 '나는 누구인가'일 거야. 그것을 한번 찾아보자. 그리고 내가 원하는 방향의 인생을 살아가 보는 거야. 내 동생, 잘할 수 있겠지? 파이팅이야.

◆ 윤리 선생님이 가르쳐 준 방법을 지금도 써먹고 있는 언니가

실패는 너를 풍요롭게 만들어

실패를 두려워하지 마라

언니는 실패가 두려워서 항상 후회를 남겼어. 고등학교 삼 학년 때 대학에 떨어지고 싶지 않아서 하향 지원을 했지. 내가 가고 싶은 대학은 따로 있었는데 말이야. 덕분에 장학금을 탈 수는 있었지만, 내가 조금 더 실패에 의연했다면 가고 싶은 대학에 갈 수 있었을지도 모른다는 후회를 남겼어. 공무원 시험을 준비할 때도 마찬가지였어. 떨어지고 싶지 않아서 집에서 멀리 있고 합격 점수가 낮은 지역에 지원했고 합격했지. 나중에 지역별 합격자 점수가 발표됐을 때 언니가 받은 점수로 집에서 가까운 지역으로 원서를 냈어도 합격했을 거란 걸 알게 됐어. 이 또한 떨어지는 것을 두려워해 손해를 본 거야. 언니는 실패를 피해 다니려고 노력했지만, 이마저 실패하고 말았어. 실패가 없는 삶이 있을까? 실패가 없다면 시도도 없다는 유명한 말이 생각나는구나.

한국 사람이 가장 존경하는 인물 1위로 꼽힌 인물이 누군지 아니? 바로 충무공 이순신이란다. 이순신도 인생의 고난(?)을 피해 가지는 못했어. 그가 조금 늦은 나이인 28세 되던 1572년(선조 5)에 이르러 처음으로 무과에 응시하였지만, 낙방하고 말았어. 1576년에서야 합격을 했지. 우리가 한 분야에 최고라고 생각하는 사람도 실패하는데, 평범한 우리는 오죽하겠니.

우리는 늘 무엇을 선택함으로써 한가지 길은 포기하게 돼. 어떤 것이 맞을지는 모르지만 내가 선택한 길을 내 것으로 만드는 것은 나의 몫이야. 이제껏 내 경험상 틀린 길은 없었어. 실패하더라도 실패로부터 내가 미처 알지 못했던 무언가를 배우게 된다면 더이상 그 길은 틀린 길이 아니게 된 거니까. 그러니까 가장 빠른 직선 주로로 가야 한다는 욕심만 버린다면 어떤 것을 선택해서 또 다른 무언가를 잃는 것에 대해 두려움을 가질 필요가 없어.

동생아, 언니는 내 동생이 많은 실패를 경험해 보았으면 좋겠어. 대한민국은 능력주의가 팽배해 있어서 실패를 허락하지 않는 사회라고들 말하지만, 실패는 인생에서 깨달음을 가장 쉽게 얻을 수 있는 길이란다. 글을 쓰다가도 자신의 의도와는 다르게 흘러가는 문장들을 포기하고 다시 힘내서 써보다 보면 글쓰기 능력이 아주 많이 성장해 있는 자신을 발견할 수도 있고 어떤 물건을 살 때도 비경제적인 선택을 해 손해를 보고 나면 경제에 대해 눈을 뜰 수도 있지. 시행착오를 겪고 나면 요령이 생겨서 다음에는 조금 더 잘하게 되고, 그다음에는 조금 더 잘하게 돼. 그것이 쌓여서 너의 능력을 만드는 것이고. 그러니 실패를 너무 두려워하지 마. 만약 네가 준비하는 것에 성공하지 못하게 돼 낙담이 된다면 나에게 찾아오렴. 맛있는 음식과 따뜻한 잠자리를 준비해 놓을 테니까. 네 곁에는 너를 돌봐주고 응원해 주는 사람이 많다는 걸 잊지 말렴.

물론 목표를 향해 열심히 뛰다가 생긴 넘어짐을 허용하고, 그들에게 관용을 베푸는 공정한 사회를 만들어야 하는 것이 우선의 과제일 거야. 실패를 너그러운 눈으로 바라보는 시각이 널리 퍼질 때, 사람들은 더욱 자유롭게 도전하고 멋지게 낙하하게 되겠지. 그런 사회가 하루빨리 되길 바라며, 저녁을 먹어야겠다. 오늘도 너에게 오늘 하루 잘 보냈길.

♦ 김치전 굽기에 오늘도 실패한 언니가

마주 보는 연습

♦

두려움을 이겨내는 법

동생아, 오늘도 좋은 하루 보냈니? 오늘 자 신문을 보니 '콜포비아'에 대한 기사가 실렸더구나.

전화^{Call}와 공포증^{Phobia}의 합성어로 전화 통화를 꺼리는 현상을 '콜포비아'라고 한다는 건 너도 들어봤을 거야. 전화 통화보다는 문자나 모바일 메신저, 이메일로 소통하는 것을 선호하는 것을 뜻해.

아르바이트 정보 플랫폼에서 2022년에 회원들을 대상으로 조사한 자료에 따르면, 약 30%의 사람이 콜포비아(전화 공포증)를 경험했다고 하더라고. 전화 공포증을 겪는 사람들은 대개 전화하기 전 가슴이 두근거리고 머리가 하얘지는 등 강한 긴장, 불안을 느끼고, 아예 전화를 미루거나 보류하기도 한다고 해. 일부 사람들의 이야기인 줄 알았는데, 많은 사람이 이 '콜포비아'로 불편함을 겪고 있는 것 같더라.

신문에는 이 '콜포비아'를 많이 호소하는 Z세대를 대상으로 '전화 받는 법'을 가르치는 대기업이 있다는 기사가 실린 적도 있었어. 이들이 도입한 전화 교육에는 '도전적인 대화 나누는 법'과 '관계 형성하는 방법' 등이 포함되어 있다고 하니 나도 한번 들어보고 싶다는 생각이 들더라고. 이런 교육이 생겨날 정도로 전화를 걸거나 받는 것을 두려워하는 사람들이 많다니!

언니는 24살 때 직장에 합격하고 나서 그 전날을 잊지 못해. 사람들과 만나서 사이좋게 지내야 하는 것도 두렵고, 학교만 다니던 내가 어떻게 업무를 해낼 수 있을까 걱정도 되었지. 하지만 그 두려움은 막상 출근해서 며칠 일하고 나니 싹 사라지더라. 경험을 해 보았기 때문이지. 언니가 직업을 바꾼 건 알고 있지? 십 년 동안 하던 일과 완전히 다른 일을 하게 되었기 때문에 다시 두려움이 찾아왔어. 내가 가진 원래의 직업을 버리고 다시 새로운 직업인으로서 제대로 살 수 있을까 하는 것이었지. 가장 무서운 날은 처음 출근하기 바로 전날이었어. 얼마나 무서웠는지 변비가 생길 정도였다니까! 하지만 며칠 일을 하고 나니 내가 언제 두려움을 가졌나 싶게 괜찮아졌어. 이 또한 경험해 보았기 때문이지.

두려움의 이유는 여러 가지가 있겠지만, 그 일을 많이 겪어 보지 못해서일 수도 있고, 한 번쯤 부딪혀 보았지만, 그 일에 대해 좋지 않은 기억이 머릿속에 자리 잡았기 때문일 수도 있겠지. 원인은 다르지만, 해결법은 같아. 그 일을 반복해서 많이 해 보는 거야. 반복해서 해 보다 보면 이 일이 그렇게 어려운 일이 아니라는 것을 깨닫게 돼. 인간이 하는 일인데, 나라고 못 할 게 뭐가 있겠나 생각하면서 계속 경험을 해 보면 크게 어렵지 않다는 것을 알게 되고 그러면서 두려운 마음도 사르르 녹게 되지.

무언가가 두렵다면 그 일을 반복적으로 해 보렴. 그러면 용기가 생기고, 요령이 생길 거야. 만약 몇 번 해 보았는데도 계속 두렵다면 마음을 다해 제대로 하지 않았을 가능성이 커. 무서움을 이겨 내기 위해서 조금 더 참고 마음을 다해 노력해 보렴. 두렵다고 피해 버리면 두려움을 극복하지 못하고 그 자리에서 주저앉아 버리게 돼. 살아가다 보면 낯설고 무서운 일이 생각보다 자주 닥쳐온 단다. 그럴 때마다 피해 간다면 나를 발전시키고 단련할 기회를 놓치게 돼. 그럼 다시 제자리걸음이 되는 거지. 언니는 내 동생이 두려움을 이겨내기 위해서 그것을 정면으로 마주 보는 연습을 꾸준히 했으면 좋겠어. 그러면 형체도 없는 주제에 인간을 겁쟁이로 만드는 이 '두려움'이라는 놈을 정복할 수 있을 거야. 조금 더 성장하는 동생이 되길 바라며.

♦ 전화기를 무음으로 설정해 둔 언니가

돌다리는 두드려야 제맛

조바심이 들 때

언니가 첫 책을 냈던 때를 기억하니? SNS를 보면 책을 쓰는 사람들을 자주 봐. 알고리즘이 나를 그쪽으로 데려다주는 거지. SNS 속 그 사람들은 출판사와 계약도 쉽게 성사되고, 얼른얼른 책이 나오는 것 같은데 나만 아무 연락이 없는 것 같이 느껴졌고, 어떻게 해서 내 책을 내준다는 출판사가 있어도 다른 사람보다 빨리 책이 나오지 않는 것 같은 느낌이 들어 조바심을 내었지. 빠르게 책을 출판하고 싶은데, 내 마음대로 잘 안되더구나.

어떤 일을 하다 보면 조바심이 들 때가 있어. 친구가 먼저 목표를 달성했다든지, 빨리 지금 하는 목표에 다다라서 칭찬을 듣거나 권위 따위를 얻고 싶을 때가 그렇지. 무언가를 빨리 시작하고 싶은데, 내 마음대로 안 될 때도 그래. 조바심을 내다보면 후회할 만한 선택을 하거나 옳지 않은 결정을 하기 쉽단다. 언니는 '장고 끝에 악수 둔다'라는 말을 철저히 믿는 사람이었어. 그래서 항상 깊이 생각하지 않고 마음이 따르는 대로 결정을 하곤 했단다. 조바심이 들 때도 마찬가지였어. 누군가가 나를 앞질러 간다는 생각이 들면 바로 방향을 틀었어. 아예 새로 시작하기도 했지. 어떻게든 최대한 빠르게 결정 내렸던 것 같아. 물론 운이 좋아 원하는 결과를 낸 적도 있었지만 대부분 급한 결정을 내리면 후회하게 되더라고.

동생아, 나는 네가 '장고 끝에 악수 둔다.'라는 말보다는 '돌다리도 두드려보고 건너라.'라는 말을 더 믿는 사람이 되었으면 좋겠어.

신중하게 생각하는 습관은 단순히 시간을 오래 들이는 게 아니야. 오히려 처음에 충분히 고민하고 계획하면 시행착오를 줄일 수 있어서 결과적으로 시간과 돈을 절약하게 되지. 예를 들어 충동적으로 비싼 물건을 샀다가 후회해서 다시 팔거나, 더 나은 선택지를 나중에 발견해서 괜히 손해를 보는 경우가 있잖아. 또 어떤 목표를 향해 달려가다가 방향이 틀렸다는 걸 나중에 깨닫고 다시 처음부터 시작하는 때도 있어. 이런 일들을 줄이려면 처음에 조금 더 생각하고 조사하고, 마음을 가라앉힌 상태에서 결정을 내리는 게 중요해. 그렇게 하면 후회할 일도 줄고, 자원을 더 효율적으로 쓸 수 있어.

동생아, 오늘부터 조금 더 길게 생각해 보는 사람이 되어보렴. 내가 이 결정을 했을 때 어떤 결과가 따라올지 조금 더 깊이 생각해 보는 거야. 그렇게 하다 보면 그게 습관이 되고 홧김에, 또는 기분대로 결정하는 일들이 줄어들면서 이루고자 하는 바를 제대로 이룰 수 있는 사람이 될 수 있을 거라 믿어.

그러니 조바심이 들 때는 잠깐 멈춰서 나 자신에게 물어보는 습관을 들여봐. "지금 내가 느끼는 불안은 어디서 오는 걸까?", "내가 정말 원하는 건 뭘까?" 하고 말이야. 마음을 들여다보는 이 짧은 시간이 결국 너를 더 단단하게 만들어 줄 거야. 세상은 빠르게 돌아가는 것 같지만, 결국 오래 가는 사람은 자기 속도를 지키는 사람이더라. 네가 잠시 멈춰도 괜찮아. 돌아가는 것 같아도, 사실은 더 나은 방향으로 가고 있는 걸지도 몰라. 언니는 네가 그런 사람일 거라고 믿어. 천천히, 하지만 굳건하게!

◆ 오늘도 명상하며 조바심을 가라앉히고 있는 언니가

걱정은 우리 둘째 이름 같은 거니까

지나치게 걱정하지 않기

동생아, 어릴 적 기억나? 우리 둘이 '걱정 대결'한 적 있었잖아. 누가 더 이상하고 쓸데없는 걱정을 많이 하나 겨뤄보겠다고 우리 딴에는 진지하게 시작했었지.

"내일 비 와서 우산 안 챙기면 감기 걸릴까 봐 걱정돼."
"나는 내일 발표하다가 이름 틀릴까 봐 걱정돼."
"나는 교실 들어갔는데 친구가 갑자기 날 싫어할까 봐 걱정돼."

그렇게 끝도 없는 걱정 릴레이를 하다가 서로 웃음을 터뜨렸던 기억이 나. 진짜 우스운 내기였지. 근데 그건 결국, 우리가 얼마나 걱정이 많은 자매였는지를 보여주는 장면이었어.

지금 생각해 보면, 그때부터 우리에겐 '까 봐 귀신'이 씌어 있었나 봐.

"혼날까 봐, 실수할까 봐, 민망할까 봐, 아플까 봐…"

무엇이든 '~할까 봐'라는 말로 걱정을 덧씌우곤 했지.
그 시절에도, 지금도 우리는 늘 걱정을 품고 살아가는 사람들인 것 같아. 걱정은 조심성이기도 하지만, 마음을 지치게도 해. 하지만 동생아, 걱정이 꼭 나쁜 것만은 아니야. 그건 우리 마음의 경보 시스템 같은 거야. 실수하지 않게, 실망하지 않게, 마음의 대비를 하게 만들어주지. 그래서 어느 정도의 걱정은 꼭 필요해.

근데 말이지, 그 걱정이 너무 커져서 행동조차 멈추게 하면, 그땐 걱정이 도움이 아니라 짐이 돼버려. 너도 알잖아. 걱정이 많을수록 머릿속이 시끄럽고, 무언가 하기도 전에 벌써 기운이 빠져버리는 거. 특히 우리처럼 생각이 많은 사람은, 하나의 상황에서 열 가지 걱정을 만들어낼 수 있는 재능이 있잖아. 어떻게 보면 상상력이 뛰어난 거지. 근데 그 상상력이 우리를 지치게 만들면 안 되잖아?

언니는 예전엔 이런 식으로 생각했어.

'이 일을 맡았다가 실패하면 어쩌지?'

'내가 한 말이 누군가를 상처 입혔다면?'
'혹시 내가 너무 이상해 보였으면?'
'나 때문에 일이 틀어졌다면 어떡하지?'

이런저런 걱정이 끊임없이 떠올라서, 잠이 안 오는 날도 잦았어. 심지어 아무 일도 안 했는데 온종일 피곤하고, 사람을 만나는 것도 부담스럽게 느껴졌지. 그래서 어느 날은 나 자신에게 이렇게 말했어.

"혹시 이게 내 습관이라면, 바꿔야 하지 않을까?"

걱정이 습관처럼 내 사고의 기본이 되어 있었던 거야.
그래서 언니는 걱정을 멈추는 대신, '걱정과 거리 두기'를 해 보자고 생각했어. 걱정을 없애는 건 쉽지 않아. 우리 같은 사람한테는 특히 더. 그러니까 차라리 없애려 하지 말고, '거리 두기'를 해 보는 거야. 걱정이 떠오르면 "아, 또 걱정이 왔구나" 하고 인사해. 마치 잠깐 방문 온 손님처럼 대하는 거지.

"지금 발표 걱정이 왔구나."
"지금 실수할까 봐 두려운 마음이 또 들었네."

걱정을 부정하지 않고, 인정해 주는 거야. 이렇게 하면 걱정에 휘말리지 않고, 한 발짝 물러설 수 있어.

또, '그럴 수도 있지'라는 말을 습관처럼 해 보는 거야.

'실수할 수도 있지.'
'다 틀릴 수도 있지.'
'사람들이 이상하게 볼 수도 있지.'

그리곤 마지막으로 이렇게 되뇌는 거지.

"근데 그게 인생의 끝은 아니잖아. '그럴 수도 있는 일'일 뿐이야."

이 말을 마음속에 깊이 품고 있으면, 걱정이 나를 지배하지 못해. 무엇보다 걱정에 지배당하지 않는 가장 좋은 방법이 있어. 걱정은 늘 미래에 있거든. 근데 지금 내가 할 수 있는 행동 하나에 집중하면, 생각보다 많은 게 정리돼. 예를 들어 시험이 걱정되면, 그냥 지금 문제 하나를 풀어보는 거야. 면접이 걱정되면, 오늘은 목소리 톤만 가다듬어보자고 해 보는 거지. 작은 행동이 마음의 무게를 조금 덜어줘. 이렇게 좋은 방법들이 있으니 한번 실행해 보자. 너도, 그리고 나도.

이렇게 걱정이 많아서 힘들었던 우리가 있었지만 생각해 봐. 그동안 그렇게 걱정했던 일들, 결국엔 어떻게 됐어? 아무 일도 안 생긴 게 더 많았고, 문제가 생겼다 해도 시간이 지나면 별일 아니었잖아. 심지어 지금은 웃으면서 얘기할 수 있는 것도 있지. 예전에 우리가 걱정했던 순간들보다, 그걸 지나온 우리가 훨씬 더 강하고 괜찮은 존재였어. 그건 지금도 마찬가지야.

걱정이 많은 건, 그만큼 마음이 섬세하다는 뜻이야. 걱정하는 자신을 너무 미워하지 않았으면 해. 그건 네가 신중하고, 세심하고, 타인을 배려하는 사람이란 증거야. 단지, 걱정하는 마음이 너무 커져서 네가 자신을 스스로 괴롭히지 않았으면 하는 바람이야. 그래도 우리는 여전히 걱정 많은 자매일지도 몰라. 하지만 이제는 그 걱정을 웃으며 이야기할 힘도 생겼잖아.

동생아, 다시 걱정 대결을 한다면 아마 그때처럼 우리는 무승부로 끝나겠지. 너는 여전히 '할까 봐'라는 말을 자주 쓸 테고, 언니도 아마 여전히 밤에 쓸데없는 걱정으로 눈을 못 붙일지도 몰라. 하지만 한 가지 확실한 건 있어. 우리는 그 걱정 속에서도 항상 버텨왔고, 결국엔 잘 지나왔다는 것. 그게 우리야.

앞으로도 걱정은 계속 찾아올 거야. 하지만 그걸 꼭 무거운 짐처럼 들고 가지 않아도 돼. 너는 네가 생각하는 것보다 훨씬 단단하고, 훨씬 괜찮은 사람이야. 그걸 잊지 말고, 오늘도 걱정보다는 너 자신을 조금 더 믿어주는 하루가 되길 바랄게.

◆ 지금도 동생이 걱정하고 있을까 봐 걱정하는 언니가

눈에 띄지 않아도 괜찮아

버티기의 힘

언니가 세상에서 가장 못 하는 건 버티기였어. 초등학생 시절 너와 철봉에 매달리기 대결을 해도 언니가 항상 못 버티고 떨어지곤 했던 거 기억나니? 그때부터 언니는 버티기에는 영 소질이 없었나 봐.

언니는 한때 학원 강사였잖아. 수업도 나름 잘했고, 학생들과도 잘 지냈지만, 항상 일정한 시간이 지나면 마음이 흔들렸어. 조금만 힘들거나 지루해져도, "이건 나랑 안 맞는 걸지도 몰라"라는 생각이 들고, 또 새로운 곳으로 옮겼지. 언뜻 보면 다양한 경험을 쌓은 것처럼 보일 수도 있어. 근데 그 속마음은 '버티지 못한' 시간의 반복이었어. 조금만 더 기다렸다면 익숙해졌을 수도 있고, 시간이 지나면 보람을 느꼈을 수도 있는데, 언제나 그 전 단계를 넘기지 못하고 멈췄던 것 같아.

그래서 결국 언니는 직업을 바꾸기로 했어. '강사라는 일이 나랑 안 맞는구나'라고 생각하고 다른 일을 찾아 헤맸지. 새로운 일을 시작하고 나서도 마찬가지였어. 다른 직장을 구하고, 새로운 환경에 들어가고, '이번엔 좀 다르겠지' 하면서 시작했지만 결국 똑같은 마음이 들더라.

조금만 지치면, 조금만 인정받지 못하는 것 같으면, '내가 왜 이걸 하고 있지?'라는 회의가 올라왔어. 그러다가 지금은 휴직 중이잖아. 결국, 또 버티지 못하고 멈춘 거지.

누군가는 그걸 유연한 선택이라고 할 수도 있어. 하지만 언니는 그 모든 순간마다 '나는 왜 이렇게 버티질 못하지?'라고 자책했어. 그러다 조금씩 마음을 정리하고, 나 자신을 돌아보는 시간을 가지면서 언니는 중요한 걸 깨달았어. 나는 다양한 경험을 쌓기 위해서가 아니라, 버티지 못해서 옮겨 다녔던 거구나. 그리고 나는 늘 '눈에 띄는 사람', '성과 내는 사람'이 되어야 한다고 생각했기 때문에 금방 지쳐버렸던 거야.

하지만 이제는 생각이 달라졌어. 진짜 중요한 건 눈에 띄는 게 아니라, '오래 가는 사람'이 되는 거란 걸 알았거든. 누구보다 열심히 한다고 해서, 누구보다 더 돋보인다고 해서, 그게 꼭 좋은 건 아니더라. 세상엔 버티기로 자신을 눌러가며 실력을 다져왔던 진짜 능력자들이 조용히, 묵묵히 자기 자리를 지키면서 하루하루를 쌓아가고 있더라고. 그리고 결국, 끝까지 자리를 지킨 사람들이 기회를 얻고, 인정받고, 성장하더라.

그래서 언니는 이제 결심했어. 앞으로는 자주 흔들리지 않기로. 이제는 또 다른 직업을 찾아 떠도는 게 아니라, 한 번도 제대로 해보지 못했던 '지금 이 자리에서 힘껏 버티기'에 도전해 보려고 해. 쉬운 길은 아니겠지. 힘들고, 지루하고, 때로는 억울할 수도 있어. 그래도 그런 날들을 하나씩 넘기다 보면 어느새 나에게 맞는 방식으로 익숙해지고, 조금씩 나만의 자리를 만들어갈 수 있을 거라고 믿고 있어.

요즘 너도 많이 지쳐있지? 앞으로 뭘 해야 할지, 이 길이 맞는지 불안하고 답답할 때가 많을 거야. 그럴수록 언니는 너한테 꼭 이 말을 해 주고 싶어.

"눈에 띄려고 애쓰지 않아도 괜찮아. 대신, 자리를 지키는 사람이 돼."

너무 잘하려고 하지 않아도 돼. 모든 걸 완벽하게 해내지 않아도 돼. 대신, 그 자리를 하루라도 더 지켜보는 거야. 그렇게 하루하루를 버티다 보면 신기하게도 어느 순간부터 그 자리가 너한테 편안해지고, 사람들이 너를 자연스럽게 인정하게 돼. 그리고 무엇보다 너 스스로가 너를 믿게 돼.

　동생아, 사람들은 흔히 인생에서 가장 필요한 건 '실력'이라고 말하지. 어떤 분야든 실력이 있어야 하고, 똑똑해야 하고, 빠르게 적응하고 성과를 내야 한다고. 근데 이제 언니는 조금 다르게 생각해. 실력도 중요하지만, 그보다 더 중요한 게 있어. 바로 '버티는 힘'이야.

　동생아, '버틴다'라는 말은 그저 인내심을 뜻하는 게 아니야. 그건 자신을 믿는 힘이야. 오늘은 힘들지만, 내일은 괜찮을 거라는 작은 믿음. 남들이 몰라줘도, 나는 나를 포기하지 않겠다는 다짐. 이제 언니는, 눈에 띄지 않아도 괜찮고, 속도가 느려도 괜찮고, 다른 사람이 뭐라 해도 괜찮아. 오래, 묵묵히, '내가 지켜야 할 자리'를 지킬 거야. 그리고 너도, 너만의 자리에서 끝까지 나를 지켜내는 사람이 되기를 바라.

　언니가 늘 옆에서 응원할게.

◆ 주말마다 침대에서 버티기를 시전하고 있는 언니가

완벽한 때란 없다

완벽주의 벗어나기

언니는 대학교 때 숙제를 가장 늦게 내는 학생이었어. 완벽하게 하고 싶지만, 좋은 아이디어가 생각이 안 나서, 마음의 준비가 안 돼서 숙제 제출일 마지막 날까지 아무것도 하지 못했었지. 너무 잘하고 싶었던 거야. 하지만 그게 오히려 독이 되었어. 완벽히 하겠다는 마음이 오히려 시간을 잡아먹고 마지막 날까지 아무것도 못 하다가 하루 만에 숙제해야 했지. 그래서 마감일을 거의 지키지 못했고, 점수가 잘 나올 리가 없었어. 그때도 언니는 자신이 다른 학생들보다 아주 게을러서 그렇다고 자책했었지. 그래도 이 버릇은 잘 안 고쳐졌고, 사회에 나와 많은 경험을 해 보고 나서야 겨우 완벽주의를 버릴 수 있었어.

동생아, 주변에서 언니 같은 완벽주의자를 본 적이 있니? 완벽하지 않으면 시도조차 하지 않으려는 사람 말이야. 우리 주변에는 완벽주의를 추구하는 사람이 의외로 많아. 게으르다고 생각했지만, 알고 보니 완벽주의자라서 아무것도 못 하고 누워만 있는 많은 사람. 나는 내가 게을러서 아무것도 못 하는 사람이라 생각했는데, 곰곰이 생각해 보니 '나는 완벽하게 할 수 없으면 하지 않겠다'라고 생각하는 사람이었어. 그러니 아무것도 시작하지 못하고 겁만 내고 있었던 거야.

같은 완벽주의자라도 언니와는 다른 모습을 보이는 사람도 있어. 실패나 실수를 용납하지 못해서 매일 높은 목표를 세워놓고 모든 에너지를 거기에 다 바치는 사람. 목표를 이루지 못하면 삶을 즐길 수 없는 사람. 그렇게 살아가다 보면 삶을 즐기는 날이 오긴 올까. 이런 완벽주의자들에게는 하루하루가 시험이야. 100점이 아니면 소용없다고 생각하기 때문이지.

이런 완벽주의자들이 간과하고 있는 것이 하나 있어. 과정을 즐기지 못한다는 것. 과정을 즐기는 삶은 정말 중요해. 우리의 인생에서 결과가 나오는 날들과 과정을 살아내는 날 중 어떤 날이 더 길 것 같니. 당연히 과정을 살아내는 날이 더 길겠지. 과정은 연속적이지만 결과는 일회적인 경우가 많으니까.

완벽하지 않다고 해서 절대 나의 커리어나 삶이 무너지지 않아. 오히려 삶을 더 즐기면서 살게 되지. 완벽하지 않아도 돼. 준비가 조금 덜 되어 있으면 어때. 일단 시작하면서 동시에 채우면 되는 거야. 그리고 삶에서 '완벽한 때'란 오지 않아. 모든 걸 준비해 놓고 시작하고 싶은 마음은 백번 이해 가지만 '완벽한 때'라는 것은 있을 수가 없어. 왜냐하면, 인간의 욕심은 끝이 없어서 어떤 것에 대해 준비를 하다 보면 더 완벽하게 하고 싶고 그게 달성이 되면 더 완벽하게 하고 싶은 게 인간의 마음이거든.

일단 한 발을 내디뎌 보는 건 어떨까. 무언가를 시작하고 나서는 준비가 덜 됐다고 주눅 들거나 불안해하지 말고 일을 진행하면서 조금씩 채워간다는 마음으로 시작하면 조금 더 가벼운 마음으로 시작할 수 있어. 전구를 발명한 토머스 에디슨은 만 번의 실패를 거듭한 후 이렇게 말했다고 하는구나.

"나는 실패한 것이 아니다. 단지, 잘 안되는 만 가지 방법을 찾았을 뿐이다."

만약 에디슨이 실패하고 싶지 않아서 완벽히 준비한 후에 실험을 시작하겠다고 생각했다면, 우리는 아직도 전구 없이 어두운 세상을 살고 있을지도 몰라. 우리나라 속담에도 '천 리 길도 한 걸음부터'라는 말도 있지 않니. 한 걸음부터 시작해야 천 리 길에 도달할 수 있는 거란다.

그러니 완벽한 때를 기다리지 말고 용기를 내어 일단 시작만 해 보렴. 우리가 어떤 상황에 있든 한 발짝을 내딛는 순간 알게 될 거야. 용기 내어 시작하길 참 잘했다는 것을 말이야. 오늘은 아침에는 춥고, 오후에는 덥구나. 날씨조차 완벽한 날이 잘 없으니 인간 세상도 마찬가지겠지. 오늘도 좋은 하루 보내렴.

◆ 완벽해지고 싶지만, 빈틈이 너무 많아 걱정인 언니가

계속해 보는 마음

재능이 없다고 느껴질 때

"국어국문학과를 나왔지만, 글쓰기는 싫습니다."

언니가 대학 시절 외치며 다녔던 말이야. 사실 언니는 글쓰기에 자신이 없었어. 누구는 어릴 때부터 글짓기상을 휩쓸었다고 하고, 누구는 라디오에 사연을 보내면 꼭 소개됐다고 하더라. 그런 얘기 들을 때마다 괜히 더 작아졌어.

"아, 난 그런 적도 없는데… 나한텐 글 쓰는 재능이 없는가 보다."

그게 오래도록 언니 마음 한구석에 남아 있었어. 그래서 누가 '글 한 번 써보라'라고 하면 괜히 움츠러들었고, 쓴다고 해도 남 눈치부터 보게 되더라.
살다 보면 어떤 일을 하다가 문득 이런 생각이 들 때가 있어.

'아무리 해도 안 늘어. 나한텐 이건 아닌가 봐.'

누군가는 금방 잘하는데, 나는 똑같이 해도 진도가 안 나가는 느낌. 괜히 자신감이 떨어지고, 나란 사람 자체가 부족하게 느껴질 때도 있지.

언니는 그래도 조금씩 용기를 내어서 하나씩 글을 써보기 시작했어. "글을 잘 써야만 쓰는 게 아니라, 그냥 쓰고 싶은 마음도 중요한 거 아닐까?"라고 생각하면서. 처음엔 정말 서툴렀고, 마음에 안 드는 문장투성이였지. 근데 한 편, 두 편 쌓이다 보니까 그게 언니만의 색깔이 되더라고. 누군가처럼 화려하진 않지만, 솔직한 글. 그걸 좋다고 말해주는 사람이 하나둘 생기더라. 그러니까 처음에는 재능이 없어 보여도 계속해 보는 마음이 언젠간 빛을 내는 것 같아. 재능이 없다는 건, '지금' 부족하다는 뜻일 뿐이야.

누군가는 처음부터 감을 잘 잡고, 빠르게 늘어. 그건 타고난 감각이기도 하고, 운도 작용하겠지. 하지만 그게 전부는 아니야. 진짜 중요한 건 그 이후야. 계속해 보는가, 포기하는가. 그 갈림길에서 얼마나 많은 사람이 포기하고 돌아서는지 몰라.

남들보다 느리게 시작해도 괜찮아. 천천히라도 계속 가면, 언젠가 분명히 너만의 자리에서 빛날 수 있어. 느린 건 '안 되는' 게 아니라, '다르게 가는' 거야. 비교는 나를 흐리게 만들어. 다른 사람이 잘하는 모습을 보면 괜스레 부러워지고, 나는 왜 안 될까 싶지. 하지만 비교는 진짜 조용히, 무섭게 사람을 무너지게 해. 비교가 시작되면, 내가 가진 장점도 전부 '별것 아닌 것'으로 느껴져.

재능보다 중요한 건, 계속해 보는 마음이야. 언니는 재능보다 '지속력'이 훨씬 중요하다고 믿어. 처음엔 잘 못 하더라도, 계속하다 보면 어느 순간 익숙해지고, 조금씩 나만의 방식이 생기더라. 처음엔 허공에 손을 휘저으며 방향 없이 그리는 그림 같지만, 계속 그리다 보면 어느 날 손에 힘이 생기고, 선이 살아나는 순간이 와. 그건 꾸준히 그 손을 움직였기 때문에 가능한 일이야.

그런데도 너무 안 맞는 것 같다면, 괜찮아. 물론 정말 잘 안 맞는 일이 있을 수도 있어. 억지로 계속하면 지치고, 애정도 사라질 수 있어. 그럴 땐 멈춰도 돼. 잠깐 쉬어가도 되고, 다시 돌아와도 되고, 완전히 다른 길로 가도 괜찮아. 중요한 건 '재능이 없으니, 아무것도 하지 않겠다'가 아니라, '이건 나랑 잘 안 맞을 수 있으니까, 다른 걸 해 볼까?'라고 생각하는 거야. 그건 실패가 아니라, 나 자신을 더 잘 이해하게 된 선택이야.

동생아, 네가 지금 뭘 하든, 그게 얼마나 서툴든, 포기하지 않고 이어가고 있는 너는 정말 멋진 사람이야. 지금은 잘 못 한다고 느껴져도, 그건 아직 완성되지 않았다는 뜻일 뿐이야. 언니는 알

아. 너는 네 속도대로, 너만의 색깔대로, 언젠가 분명히 뭔가를 만들어낼 거야. 재능이 없다는 마음이 드는 날일수록, 자기 자신을 더 많이 안아주고 응원해 주도록 하렴.

언니는 너를 믿어. 언제나 그랬고, 앞으로도 그럴 거야. 그러니까 오늘도 네가 좋아하는 걸 조금이라도 해 보자. 그게 글쓰기든, 그림이든, 운동이든, 뭐든 간에. 하고 싶은 마음이 있다면, 이미 너는 그 일에 조금씩 가까워지는 중이야.

◆ 아직도 온갖 재능을 키우려고 노력 중인 언니가

어른이라는 이름의 무게

어른이 된 내가 버거울때

    '디즈니 만화 동산'을 보기 위해서는 아니었어. 이유 없이 우리는 일요일만 되면 쓸데없이 일찍 눈이 떠지곤 했지. 학교 가는 평일에는 아침잠이 그렇게 많다가 꼭 일요일만 되면 학교 갈 시간보다 더 일찍 일어나게 되는 게 지금 생각해도 신기하게 느껴져. 그렇게 일찍 일어나면 우리는 '디즈니 만화 동산'을 보며 하루를 시작했던 거 기억나니? 엄마는 일요일 아침마다, 달걀 스크램블에 간장을 묻혀 아무것도 발리지 않은 김에 밥을 싸 주시곤 했어. 김의 약간 비릿한 맛. 그게 우리의 어린 시절 일요일의 냄새였고, 그 밥을 아기 새처럼 받아먹던 것이 우리 일요일의 풍경이었잖아. 그때를 생각하면 몇 년 전 본 드라마처럼 아득히 먼 이야기 같이 느껴졌다가도, 너와 내가 함께 만화영화를 보며 투덕거리며 싸웠던 일을 자세히 회상해 보면 아주 가까운 과거의 이야기처럼 느껴지기도 해.

어른의 삶에 대해 생각해 본 적 있니? 어른이 되면 뭐든 할 수 있고, 내가 좋아하는 사탕을 마음껏 사 먹을 수 있고, 디즈니 만화 동산을 온종일 볼 수 있고, 엄마가 하지 말라고 했던 행동들을 자유롭게 할 수 있어서, 너무나 행복해질 거로 생각했는데…… 동생아, 넌 지금 어떠니? 우리가 어린 시절에 상상했던 것처럼 그렇게 행복하게 지내고 있니?

어른이 된다는 건 내 짐을 내가 들고 가는 일이야. 어릴 때 부모님이나 사회가 우리 짐을 조금씩 나눠 들어줬지. 근데 이제는 오롯이 내가 짊어져야 해. 무겁고 힘들어도, 내 두 다리로 걸어야 해. 이건 고된 만큼 의미가 있어. 어릴 때는 남이 이끄는 대로 가야 했지만, 이제는 내가 내 짐을 들고, 내가 가고 싶은 길을 선택할 수 있잖아. 힘들어도 이게 바로 자유야. 내 짐을 내가 드는 자유는 두렵지만, 진짜 소중한 거야. 어릴 때는 보호받는 대신에 방향을 선택할 수 없었지. 하지만 이제는 넘어질 자유도, 실패할 자유도 생겼어. 물론 틀린 선택을 할 수도 있어. 짐을 떨어뜨릴 수도 있지. 어떨 땐 짐이 너무나 무겁게 느껴질 때도 있을 거고. 그래도 최소한 억울하진 않아. 내 선택이고, 내 책임이니까. 그러니까 실수해도 부끄러워하지 말자. 네 인생을 네가 이끌어 간다는 건, 정말 멋진 일이니까.

그렇게 어른으로서 살아가다 보면 이런 말을 들을 수도 있어.

"언제 철들래", "나잇값 좀 해" 같은 말 말이야. 근데, 진짜 철드는 건 남들이 정해준 기준에 맞추는 게 아니야. 네가 스스로 선택하고, 그 선택을 책임질 때 진짜 철드는 거야. 주변을 보면 다들 비슷한 속도로 살아가는 것처럼 보여서 불안할 때가 있어. 그렇지만 완벽한 어른은 없어. 다들 자기만의 방법으로 버티고, 웃고, 사랑하고 살아가. 남들처럼 살아야만 행복해지는 건 아니야. 네가 원하는 속도로, 네가 원하는 방향으로 가야 해. 서른다섯이든, 마흔이든, 어디쯤에서 꼭 무언가를 이뤄야 한다는 건 그냥 세상의 기준일 뿐이야. 그건 진짜 네가 원하는 삶이 아닐 수도 있어. 그러니까 그런 말들에 움츠러들지 말고, 네가 하고 싶은걸, 네가 믿는 길을 선택해. 남들과 똑같은 길을 가야 한다는 강박에서 벗어나도 괜찮아.

어른이 된다는 건 '디즈니 만화 동산'을 아예 졸업하는 일이 아니야. 오히려 만화를 내 방식대로 더 재미있게 볼 수 있게 되는 거야. 물론 많은 책임에 어깨가 무거워 지지만 너에게 주어진 자유를 제대로 만끽하며 자신이 옳다고 생각하는 방법대로 살아가는 것. 그게 바로 어른이 된다는 것이 아닐까. 우리의 어른 생활을 응원하며.

◆ 오늘도 진정한 어른이 되기 위해 고민하는 언니가

네가 너무 소중해서

2장

언제나 행복하게

놀이터에서 깨닫다
◆
하고 싶은 것과 해야 하는 것의 괴리

우리는 항상 손을 잡고 등교를 하곤 했지. 그러다 어느 날 초등학교 1학년인 너를 꾀어서 학교에 가지 않고 땡땡이를 친 적이 있었어. 내 계획은 완벽한 듯 보였고, 너는 불안했지만, 왠지 모를 신나는 기분이 드는 것 같았어. 우리는 학교에 가지 않고 아무도 없는 놀이터에서 전세를 낸 듯이 모래 장난을 하고 미끄럼틀을 타고 놀았지. 방과 후에 놀이터에 오면 항상 먼저 온 아이들이 미끄럼틀이나 그네를 선점하고 있어서 힘없이 터덜터덜 집으로 오곤 했는데, 그날은 우리에게 최고의 날이었던 거야.

얼마쯤 놀았을까, 아주 한참을 놀았다고 생각했는데도 학교에 간 아이들은 아직 보이질 않고 슬슬 배가 고파지기 시작했지. 그러니 갑자기 무서움이 밀려왔어. 넌 벌써 울상을 하며 집에 가고 싶다고 떼를 쓰고 있었고. 꼭 해야 했을 등교를 하지 않으면 마냥 행복할 줄 알았는데, 그렇지 않다는 걸 그날 느꼈어.

살다 보면 꼭 한 번쯤은 이런 생각이 들 거야. '내가 진짜 하고 싶은 건 따로 있는데, 왜 자꾸 이 일만 해야 하지?' 학교에서, 직장에서, 사람들과 어울리는 일상에서 우리는 자연스럽게 해야 할 일들에 시간을 많이 쓰게 돼. 숙제, 일, 약속, 책임 같은 것들 말이야. 반면에 마음 한쪽엔 늘 하고 싶은 일들이 있어. 좋아하는 취미, 관심 있는 공부, 혹은 그냥 아무것도 안 하고 쉬고 싶은 마음도 있을 거고. 그럼 이런 질문이 생기겠지.

'하고 싶은 일과 해야 할 일 중에 뭐가 더 중요할까?'

나도 예전엔 이 질문 앞에서 한참을 머물렀던 것 같아. 다니던 직장을 때려치우고 여행을 하기도 하고 무언가를 배우러 다니기도 하는 등의 해야 할 일을 모두 관두고 하고 싶은 일을 위해 유유자적했던 날들도 있었고, 해야 할 일에 치여 하고 싶은 일을 전혀 하지 못하고 앞만 보고 달렸던 날들도 있었지. 그렇게 반복하면서 시간이 흘러 조금씩 깨달았어. 정답은 하나가 아니라, 둘 다였다는 것을. 학교에 갔다 와서 놀이터에서 놀아도 됐었던 거야.

해야 할 일은 우리가 살아가기 위해 꼭 필요한 것들이야. 현실적인 부분들이 많지. 예를 들어, 공부나 일은 재미없을 수 있지만, 지금은 그걸 통해 더 넓은 선택지를 갖게 될 수도 있어. 또 누군가와의 약속을 지키는 일, 맡은 책임을 다하는 일은 신뢰를 쌓고 사람들과의 관계를 깊어지게 해줘. 가끔은 해야 할 일이 너무 많아서 지치기도 하고, 하고 싶은 걸 포기해야 할 때도 있겠지. 하지만 그런 순간에도 이 생각을 한 번쯤 해 보면 좋아.

'이걸 해내면, 나중에 내가 하고 싶은 걸 더 자유롭게 할 수 있을지도 몰라.'

해야 할 일은 우리 삶을 지탱해 주는 기둥 같은 거야. 내가 경험해 보니 그게 있어야, 하고 싶은 일도 지킬 수 있더라고.

그렇다고 하고 싶은 일을 무시하면 안 돼. 하고 싶은 일은 너 자신을 잊지 않게 해 주는 거거든. 그게 있어야 삶을 '버티는 게' 아니라, '살아가는 게' 돼. 너무 바빠서, 혹은 눈치 보여서 좋아하는 걸 못 하고 지내다 보면 마음이 말라버릴 수 있어. 책을 읽고 싶었는데 시간이 없어서 미루고, 그림 그리고 싶었는데 괜히 쑥스러워서 안 하고... 그렇게 나중으로 밀어두다 보면 결국 '하고 싶은 나'와 '진짜 나'는 점점 멀어지게 돼.

작은 것부터라도 해봐. 10분만 좋아하는 노래 듣기, 퇴근 후에 짧게 산책하기, 주말에 좋아하는 음식 해 먹기. 그런 시간이 쌓이면 마음이 다시 말랑말랑해질 거야.

동생아, 하고 싶은 일과 해야 할 일 사이에서 늘 고민이 된다면, 아래 방법들이 조금은 도움이 될 수 있을 거야.

하루 중 꼭 나를 위한 시간을 만들어. 아무리 바빠도 하루 10분, 30분은 네가 하고 싶은 걸 해보자. 그 시간은 다른 누구를 위한 게 아니라, 오롯이 너 자신을 위한 선물이야.

'언젠가 시간이 나면 해야지'라고 생각하면 그 언젠가는 오지 않더라. 그래서 차라리 내가 하고 싶은 일을 시간표처럼 정해버리는 게 좋아. 예를 들어 '일요일 오전엔 무조건 카페 가서 그림 그리기' 같은 식으로.

그리고 해야 할 일에도 너만의 의미를 붙여봐. 지금 억지로 하는 일이 재미없을 수도 있지만, 장기적으로 보면 네가 하고 싶은 걸 하기 위한 준비일 수 있어. '이 공부는 나중에 여행 가서 언어로 소통할 때 쓸 수 있겠지', '이 일을 하면 돈을 벌어서 내가 배우고 싶은 것을 배울 수 있겠지.' 같은 식으로 생각하면 조금은 덜 지루해질 거야.

하고 싶은 일은 네가 어떤 사람인지 알려주는 거고, 해야 할 일은 그 사람으로 살 수 있게 해 주는 거야. 어느 하나만 고르기보단, 둘 사이에서 균형을 찾아가는 게 중요해. 어떤 날은 하고 싶은 일 하나만 해도 충분히 잘한 거고, 또 어떤 날은 해야 할 일만 잘 끝냈어도 멋진 하루야. 너무 조급해하지 말고, 자신에게 조금 더 너그럽게 대해줘. 언젠가 너도 느낄 거야. 그렇게 하루하루를 쌓다 보면, 하고 싶은 일과 해야 할 일이 겹치는 순간이 분명히 온다는 걸.

그때까지는, 오늘 하루도 잘 살아낸 너 자신에게 '수고했어'라고 말해주는 거, 잊지 마.

◆ 해야 할 것을 하며 하고 싶은 것을 꿈꾸고 있는 언니가

앞문이 닫히면 뒷문이 열린다

굳이 좌절할 필요 없는 이유

언니는 학원 강사로 몇 년을 일했어. 처음엔 아이들을 가르치며 보람도 느끼고, 나름대로 만족도 있었지. 하지만 시간이 지날수록 밤늦게 끝나는 강의, 계속 바뀌는 커리큘럼, 정해지지 않은 수입에 점점 지쳐갔어. 뭔가 더 안정적인 삶을 살아야겠다는 생각이 들었고, 그래서 '공무원'이라는 선택지를 택했어. 안정적이고, 규칙적인 삶. 많은 사람이 꼭 해야 한다고 말하는 "최고의 선택"이었지.

운 좋게 합격도 하고, 정해진 자리에 앉게 되었어. 주위 사람들은 다들 부러워했지. "이제 걱정 없겠다.", "앞으로 꽃길이겠다." 같은 말도 많이 들었어. 나도 그런 줄 알았어. 이제야말로 내 인생의 길이 정해졌다고 생각했거든.

그런데 그게 아니더라. 몸과 마음이 아프기 시작했어. 처음엔 단순한 정신적 피로인 줄 알았는데, 점점 상태가 안 좋아졌어. 결국, 건강상의 이유로 휴직하게 되었지. 사람들이 말하던 '최선의 길'에서 잠시 이탈하게 된 거야. 그때는 정말 모든 게 무너진 줄 알았어. 이 길마저 나에게 허락되지 않는다는 생각에, '내 인생은 여기까지인가?' 싶었지. 마치 경기 끝처럼 느껴졌어.

하지만, 그 시간을 겪으면서 이상하게도 여유가 생겼고, 그 여유 덕분에 언니는 '글쓰기'를 만나게 되었어. 처음엔 그냥 일기처럼 시작했는데, 어느새 마음속 이야기를 꺼내는 시간이 소중하게 느껴지더라. 그렇게 글을 쓰다 보니 나도 몰랐던 내 속마음을 마주하게 됐고, 그 글들이 쌓여서 결국 책으로까지 이어지게 된 거야.

만약 언니가 계속 '최선의 길'이라고 생각했던 길을 걸으며 일만 했다면 어땠을까? 아마 글을 쓰게 되지도 않았을 거야. 출간이라는 기회는 언니의 인생에서 영영 없었을 수도 있어. 남들이 말하는 '최선'이 나에게는 오히려 나를 잃게 만드는 길이었고, 남들이 보기엔 실패처럼 보일지도 모를 그 휴직이 언니에게는 더 진짜다운 인생의 시작이었던 거야.

이런 경험을 통해 언니가 확신하게 된 게 있어. 바로, 인생에는 최선만 있는 게 아니라는 거야. 우리가 생각하는 최고의 선택이 언제나 우리 삶을 가장 좋게 만드는 건 아니야. 때로는 차선이, 혹은 차차선이, 우리에게 더 맞는 길일 수 있어. 언니처럼 어쩔 수 없이 했던 선택이 오랫동안 그려오던 꿈을 이룰 수 있는 계기가 되기도 하고. 그건 직접 가봐야 아는 거야. 가 보지 않으면 절대 모르는 게 인생이더라.

그러니까 동생아, 지금 네가 뭔가를 선택하려고 하거나, 혹은 원했던 방향과 다른 길로 가게 되었다고 해도 너무 걱정하지 마. "이건 내 인생의 최선이 아닌데"라고 실망하지도 말고, "이렇게 돼 버려서 망했어"라고 단정 짓지도 마. 어쩌면 지금 네가 있는 그 자리가 너에게 꼭 필요한 터널일지도 몰라. 그 터널을 지나고 나면, 지금은 상상조차 못 했던 풍경이 펼쳐질 수도 있어. 한 개의 문이 닫히면 또 다른 한 개의 문이 열리게 돼 있어.

헤르만 헤세는 이런 말을 했어.

"새는 알에서 나오려고 투쟁한다. 알은 세계다. 태어나려는 자는 하나의 세계를 깨뜨려야 한다."

지금 네가 겪는 혼란, 좌절, 갈등은 어쩌면 더 큰 세계로 나가기 위한 통과의례일지도 몰라. 익숙한 세계가 부서질 때 우리는 비로소 날아갈 수 있게 되니까.

언니는 인제야 이해해. 내가 걸어온 길이 얼마나 덜컹거렸고, 때로는 불안했고, 실수투성이였는지. 하지만 그 모든 길이 나에게 결국 소중하고 특별한 무늬가 되어주었다는 걸 말이야.

동생아,

네 인생도 마찬가지일 거야. 최선이 아니어도 괜찮아. 그 길의 끝은 아직 아무도 모르는 거니까. 그러니 끝까지 가 보자. 울어도 되고, 멈춰도 되고, 돌아가도 괜찮아. 어떤 게 최선일지는 끝까지 가 봐야 아는 거니까. 그리고 네 삶은 어떤 방향이든 의미 있을 테니까.

◆ 열심히 알을 깨고 있는 언니가

후회는 또 다른 후회를 낳고

과거에 너무 집착하지 말것

동생아, 우리 집에서 키우던 강아지 몽실이, 기억나니? 몽실이는 갈색 강아지였고 개가 되고 나선 우리보다 몸집이 더 커졌었잖아. 우리 둘이 놀 때 몽실이는 빠지면 안 되는 우리들의 친구였지. 우리가 어디에 숨어도 몽실이는 우리를 찾아내곤 했어. 술래잡기 놀이에는 빠질 수 없는 좋은 친구였어. 어느 날 몽실이가 아무 데나 대소변을 봤을 때 엄마는 몽실이에게 빗자루질을 했고, 그때 몽실이는 우리 등 뒤에 숨어서 그 빗자루질을 피하곤 했어. 그런 몽실이가 나도 모르는 누군가에게 팔려 갔을 때, 우리는 큰 충격을 받았고, 다시는 동물을 키우지 않겠다고 다짐했어.

그때 우리는 집을 나갔고, 엄마 아빠는 우리를 찾느라 동네를 다 돌아다녔지. 마침내 노을이 지는 저녁이 되어 엄마 아빠는 우리를 품에 안을 수 있었지만, 이미 엄마 아빠의 눈은 그들의 뒷배경처럼 빨갛게 물들어 있었어. 엄마 아빠에게 우리는 씻을 수 없는 상처를 주었고, 그들은 우리를 과잉보호하기 시작했잖아. 몽실이가 떠나 슬펐지만 무엇보다 부모님께 상처를 주었던 그날의 기억은 언니를 아직도 후회의 공간으로 이끌어. 아직도 부모님은 그날의 기억으로 괴로워하시지.

살다 보면 그런 순간들이 있지. 문득 지나간 일을 떠올리다가 "내가 왜 그랬을까?" 싶고, 그 순간의 내가 너무 바보 같고 미워지는 때. 밤에 혼자 누워 있다 보면, 괜히 머릿속에 그 장면이 생생하게 재생되고, 나도 모르게 이불을 걷어차게 되지. 진짜 그때 그 말을 하지 말아야 했고, 그렇게 행동하지 말아야 했는데 싶어서, 자신을 스스로 괴롭히게 돼.

어른이 되고 나서의 언니도 그랬어. 아주 많이 오래된 기억인데도 아직도 선명하게 남아 있는 몇 장면들. 돌이킬 수 없다는 걸 알면서도, 자꾸만 그 시점으로 돌아가서 '그때 내가 이렇게만 했더라면' 하고 되새기게 되더라. 어떤 선택이든 그 당시 나름의 이유가 있었던 건데, 지나고 나면 왜 그걸 몰랐을까 싶고, 왜 그렇게 어리석었을까 자책하게 돼.

그런데 말이야, 그렇게 과거에 머문 시간이 길어질수록 내 현재는 점점 흐릿해지더라. 지금 나에게 주어진 하루하루가 중요한데,

자꾸 과거의 장면으로 눈이 돌아가니까 현실이 전혀 눈에 들어오질 않아. 머리는 과거를 붙들고 있고, 마음은 계속 무겁고, 오늘은 그냥 그렇게 흘러가 버려. 그렇게 미래도 함께 버리게 되는 거지.

가장 안타까운 건 이거야. 우리는 그때로는 다시 돌아갈 수 없다는 거. 얼마나 후회하고 아파하든, 그날의 선택은 바뀌지 않아. 어떤 사람은 실수 하나로 몇 년을 괴로워해. 관계가 틀어진 일, 기회를 놓친 일, 혹은 너무 많은 걸 쏟아부었는데 결국 손에 쥔 게 없었던 일. 그리고 그런 후회에 빠진 채로, 지금 내 옆에 있는 사람이나 내 앞에 펼쳐진 기회를 못 보고 지나치게 돼. 결국, 과거의 그림자 속에 숨어서, 다시는 빛으로 나가려 하지 않는 거야. 그게 얼마나 슬픈 일인지, 언니는 잘 알아.

언니도 그런 시기를 겪었어. 가장 후회스러웠던 순간은, 누군가에게 내 진심을 다 줬는데도 결국 상처만 남은 일이었어. 그때 너무 많이 무너졌고, 한동안은 "그 사람을 만나지 않았더라면", "그때 내가 그렇게 바보같이 굴지 않았더라면" 하는 생각에 갇혀 있었어. 사람을 믿는 게 무서워졌고, 다시 무언가를 시작하려는 용기도 사라졌지. 자꾸만 뒤를 돌아보게 되니까, 앞이 전혀 보이지 않았어.

하지만 그때 누군가가 언니에게 이런 말을 해줬어.

"후회 속에 머무는 건, 과거라는 늪에 자신을 빠뜨리는 거야. 아무리 후회해도, 그건 지난 일이야. 지금 널 구할 수 있는 건 오직 '지금의 너' 뿐이야."

그 말을 듣고 정신이 번쩍 들었어. 내가 할 수 있는 건 과거를 고치는 일이 아니라, 그 경험을 딛고 오늘을 사는 일이라는 걸 깨달았지. 아픈 기억도 결국은 나를 만든 하나의 조각이야. 그 조각이 부끄럽고 못난 모습일지라도, 그걸 안고서 지금을 살아야 내가 진짜 나로 살아갈 수 있는 거더라.

동생아, 언니가 하고 싶은 말은 이거야. 후회는 누구에게나 있어. 실수도, 어리석었던 순간도, 다시는 반복하고 싶지 않은 일도. 그건 우리가 살아왔다는 증거야. 완벽하지 않았지만 분명 열심히 살았기 때문에 생긴 흔적이야. 그러니까 그런 너 자신을 미워하지 말았으면 해. 그 시절의 너도 지금의 너처럼 최선을 다했을 거야. 단지 그 결과가 우리가 원했던 방향이 아니었을 뿐이야.

과거에 머무르지 말고, 지금 이 순간에 너의 시선을 맞춰줘. 지금 네가 어떤 생각하고, 어떤 하루를 보내고 있는지가 더 중요해. 과거는 네가 바꿀 수 없지만, 오늘의 너는 네가 만들 수 있어. 그리고 그 오늘들이 쌓여서 너의 미래가 될 거야.

혹여나 다시 그때로 돌아간다고 해도, 우리는 또 실수할 거야.

그게 인간이니까. 그러니 지금 이 자리에서, 과거를 용서하고, 자신을 품어주는 것, 그게 우리가 할 수 있는 가장 용기 있는 일이야.

부모님께 상처를 준 그날을 언니는 후회하지만, 그 이후로 부모님의 사랑을 진정으로 느껴 우리는 부모님의 말씀이면 뭐든지 듣는 착한 딸이 되었잖아. 과거의 후회할 만한 행동들이 나를 바꾸고, 더 좋은 방향으로 인생이 흘러갈 수 있게 노력한다면 과거에 집착하지 않으면서도 미래를 행복하게 꾸려 나갈 힘이 될 거야. 이제까지 그래왔듯이 우리 잘할 수 있겠지?

◆ 후회를 미래로 바꾸기 위해 노력하고 있는 언니가

어디서든 당당하게

자신감 있는 내가 되는 법

동생아, 오늘 언니는 작은 독서 모임에 참석했었어. 여러 사람이 모여 있다 보니 말하는 태도도, 몸의 자세도 다 달랐어. 말 속에 큰 주제가 있는 건 아니었지만 당당한 태도를 보여 사람들에게 감탄을 받는 사람이 있는가 하면, 정말 멋진 말을 했는데도, 구부정한 허리와 자신 없는 목소리로 그 반짝반짝 빛나는 아이디어를 제대로 살리지 못하는 사람도 있었어. 그걸 보면서 오늘은 네게 어디서든 당당해 보일 수 있는 몇 가지 방법에 관해 이야기해 주어야겠다는 생각이 들었어. 한번 들어볼래?

'내가 이 자리에 있어도 되는 걸까?'
'괜히 나만 어색한 것 같아.'
'저 사람은 어떻게 저렇게 자연스럽지?'

이런 생각해 보지 않았니? 꼭 태어날 때부터 당당함을 가지고 태어난 듯한 자신감 있는 사람들이 참 부럽다는 생각. 하지만 매사에 당당한 사람은 처음부터 그런 게 아니더라. 태도가 몸에 밴 거야. 그리고 그 태도는 하나씩 연습하면서 만들어가는 거더라. 당당함은 성격이 아니라 훈련의 결과야. 작은 습관들이 쌓여서 어느 순간, 사람들 앞에서 주눅 들지 않고 너답게 행동할 수 있는 사람이 되는 거지.

언니 대학 친구 S를 기억하니. 우리 집에 가끔 놀러 오고 언니와 여행도 가고 했던 친한 친구. 그 친구는 부끄럼이 많아서 항상 남들 앞에서 내성적이고 작아지는 것처럼 행동했는데, 10년이 지나고 만난 친구는 완전히 변해 있었어. 아주 멋지고 자신감 있는 사람이 된 거야. 어릴 적 친구로서는 좀 낯설긴 했지만, S의 인생에는 지금의 변화가 좋은 결과를 가져다줄 거라는 확신이 생기더라. 그 친구에게서 본, 그리고 이제껏 언니가 살면서 본 당당한 사람들의 특징을 알려줄게. 지금부터 말할 다섯 가지 태도만 실천해 봐. 조금씩 연습하다 보면 너도 진짜로 변할 수 있어.

처음 보는 사람과 대화를 시작할 때, 가장 먼저 전달되는 건 말이 아니라 눈빛이야. 그 사람이 널 어떻게 대해야 할지 결정하는 기준이기도 해. 눈을 마주친다는 건 '나는 이 자리에 있어도 돼', '나는 당신을 두려워하지 않아'라는 무언의 메시지거든. 반대로 시선을 피하는 순간, 나 자신이 움츠러들게 되고, 상대도 나를 쉽게 판단하게 돼.

 언니가 다니던 학원의 강사 면접에서 실제로 이런 일이 있었어. 한 지원자는 자꾸 시선을 피하면서 말을 얼버무렸고, 다른 한 명은 눈을 맞추며 또렷하게 말했지. 나중에 평가할 때, 면접관 모두가 "두 번째 지원자가 훨씬 인상 깊었다."라고 말하더라. 둘 다 어느 정도 강의 실력이 있다고 생각했는데 결과가 나뉜 거야, 그건 실력 차이가 아니라 태도에서 오는 차이였어. 너무 뚫어지게 쳐다볼 필요 없어. 다만 시선을 피하지 않고, 자연스럽게 마주할 수 있는 용기. 그거 하나만으로도 이미 너는 절반은 성공한 거야.

 눈빛으로 상대와 충분히 교류했다면, 이제 말을 하는 습관을 점검해 보아야 해. 말을 할 때, 말끝을 흐리는 습관은 스스로 자신이 없다는 걸 보여주는 행위야. 아무리 좋은 내용을 말해도, "~같아요", "~일지도 몰라요." 같은 말투는 너를 불확실한 사람으로 만들어. 자신감 없어 보이는 말투는 결국 네 의견에 힘을 실어주지 못해.

 자신 있는 사람은 모든 걸 다 알지 않아도, 아는 만큼은 정확하게 말해. 틀릴 수도 있어. 하지만 말할 때만큼은 또렷하게, 확신을 가지고 얘기하지. 그 태도 자체가 신뢰를 만들어. 말이 길고 복잡하다고 해서 지혜로워 보이는 게 아니야. 짧고 명확하게 전달하는 게 훨씬 강력한 인상을 남기지. 너도 대화할 때, 말의 끝을 흐리지 말고, 마침표를 찍는 습관을 들여봐. 그 작은 변화 하나가 너를 대하는 사람들의 태도를 바꾸기 시작할 거야.

눈빛과 말투를 점검해 보았으면 이제 자세를 점검해 보자. 아무리 자신 있는 말투로 대화를 이끌어 가도, 몸이 웅크리고 있으면 이미 반은 당당하게 보이기에 실패한 거나 다름이 없어. 어깨를 내리고, 고개를 숙이고, 움직임이 조급하면 사람들은 네가 자신을 스스로 작게 여긴다고 느껴. 그리고 안타깝게도 그 느낌은 너를 대하는 방식에 그대로 반영돼.

지금은 누구보다 자신 있는 표정과 몸짓을 가진 그 S라는 친구가 대학 시절 발표를 해야 하는 일이 있었어. 내용은 누구보다 잘 준비했지만, 발표 시작하면서 고개를 푹 숙이고, 손을 계속 만지작거리더라. 사람들은 내용보다는 그 불안한 태도에 집중했어. 그 모습을 보고 나도 느꼈지. 자세가 태도를 만든다는 말이 진짜구나.

거울 앞에서 연습해 봐. 어깨를 펴고, 등을 곧게 세우고, 턱을 살짝 들고, 여유 있게 손을 움직여 봐. 처음엔 연기 같아도, 그 자세를 반복하다 보면 그게 네가 돼. 몸이 먼저 당당해지면 마음도 따라가게 되어 있어.

그럼, 이제 약간 다른 이야기를 해 볼까? 사람들이 다른 사람과 함께 있을 때 가장 불편해하는 순간이 언제인지 아니? 바로 어색한 침묵이 흐를 때야. 그래서 괜히 의미 없는 말로 그 침묵을 채우려 하곤 하지. 하지만 정말 당당한 사람은 침묵을 견딜 줄 알아. 조용히 있는 시간에 조바심내지 않고, 말보다 생각이 먼저인 사람처럼 보이지. 필요 없는 말은 오히려 나를 가볍게 만들어. 대화를 주도하는 사람은 말을 많이 하는 사람이 아니라, 꼭 필요한 순간에 정확한 말로 분위기를 이끄는 사람이야.

너도 그럴 수 있어. 상대가 무언가를 생각할 시간을 줄 줄 알고, 네가 말할 타이밍을 기다릴 줄 아는 사람. 말이 적다고 해서 존재감이 없는 게 아니야. 오히려 침묵을 편안하게 견디는 사람일수록 더 신뢰를 받게 돼.

동생아, 당당한 사람이란 멋져 보이기 위해 억지로 자신을 세우는 사람이 아니야. 자신을 있는 그대로 존중할 줄 아는 사람이야. 시선을 피하지 않고, 말끝을 흐리지 않고, 자세를 바로 하고, 침묵을 견딜 줄 아는 사람. 그렇게 행동하는 것이 처음엔 조금 어색하더라도, 결국엔 자신을 남들에게 제대로 어필하며 살아가는 방법이야.

미국의 시인이자 소설가로, 여성의 성과 자아를 솔직하게 다룬 베스트셀러 『비행 공포 Fear of Flying』의 작가인 에리카 종이 이런 말을 했어.

"자신감은 연습에서 비롯된다. 매일 조금씩 자신 있게 행동해 보라. 결국, 그것이 진짜 네가 된다."

어색해도 괜찮아. 불편해도 괜찮아. 중요한 건 네가 그 연습을 포기하지 않는 거야. 자신을 믿는 태도, 작아지지 않으려는 노력이 결국 너를 만들어줄 거야. 그러니까 두려워하지 마. 너는 그 어떤 자리에도 어울릴 수 있는 사람이야. 자신 있게 나아가. 내가 뒤에서 항상 응원할게.

◆ 늘 당당한 너의 편인 언니가

내게는 어떤 일이든 일어날 수 있다

삶에 겸손해야 하는 이유

 몇 년 전 언니는 친구와 함께 병원에 검사차 방문했다가 청천벽력 같은 말을 들었지. 암일지도 모르니 큰 병원에 가 보라는 말. 황당 그 자체였어. 내가 듣고 있는 말이 드라마에서나 보던 그 말이 정말 맞나, 귀를 의심한다는 말을 이럴 때 쓰는 거구나 하고 생각하며 영혼이 털린 채로 진료실을 나왔어. 처음엔 눈물도 나오지 않더라. 그때 언니는 삼십 대 초반이었어. 진료실에서 나올 때 마주친 친구의 얼굴을 도저히 볼 엄두가 나지 않았어. 잿빛이 된 내 얼굴을 보고 친구는 무슨 큰일이 난 건가, 불안해졌었대. 검사비 계산을 하고 나온 병원 앞 대로변이 희미한 꿈처럼 느껴졌어. 그때가 봄이었는데 병원에서 나오면서 본 떨어지는 벚꽃도 현실이 아닌 것 같은 착각이 들었어. 떨어지는 꽃잎이 꼭 내 눈물 같아서 그 꽃잎들이 내 가슴에 들어와 하나하나 박히는 것 같았어.

병원에 동행한 친구와 해장국 집에 갔지. 해장국이 나올 때까지 한마디도 하지 못했어. 음식이 나왔고, 해장국을 먹는데, 정신이 너무 없어서 음식이 내 입에 들어가고 있는지 어떤지조차 알 수 없었지. 나는 무거운 입을 뗐어. "아까 진료실에 들어갔을 때, 의사가 나 암일지도 모른다고……" 그제야 울음이 터져 다음 말을 잇지 못했어. 그때 든 감정은 미칠듯한 외로움이었어. 병은 가족과 함께 나누지 못하잖아(그러고 싶지도 않고). 아무리 내가 통증과 감정을 이야기해도 그들은 나와 내 병을 느끼지 못해. 온전히 나 혼자 감당해야 하는 이 병이 나를 철저히 외롭게 만들더라. 수술실도 혼자 들어가야 하는 게 외롭고 무서웠어. 그때 나는 처음 알았어. 나에게도 불행이라는 게, 남들에게 일어나는 모든 일이 나에게도 일어날 수 있는 일이라는 걸.

세상을 살다 보면 누구에게나 어떤 일이든지 일어날 수 있어. 좋은 일만 생기면 참 좋겠지만, 현실은 그렇지 않더라. 아무리 착하게 살아도, 아무리 성실하게 준비해도, 예상치 못한 일은 툭 하고 찾아올 수 있어. 심지어 나처럼 몹시 나쁜 일이 아무런 예고도 없이 네 삶에 끼어들지도 몰라. 그렇다고 해서 네가 잘못한 것도 아니고, 네가 부족해서도 아니야. 단지, 인생이란 원래 그렇게 예측할 수 없는 거야.

우리에게 필요한 건, 어떤 일이든 일어날 수 있다는 걸 받아들이는 용기야. 언니는 암을 진단받은 초반에는 그러질 못해서 여러 사람을 아프게 하고 나 자신에게도 생채기를 내곤 했지. 이젠 알아, 아무리 조심해도 모든 불행을 막을 수는 없어. 모든 상처를 피할 수도 없고. 그러니까 나쁜 일이 닥쳤을 때 "왜 하필 나한테만 이런 일이 일어났을까?"라고 자책하지 말자. 그런 질문은 마음을 더 지치게 할 뿐이야. 남들이 보기엔 평화로워 보이는 사람도, 누구나 저마다의 물결과 싸우며 살아가고 있어.

그리고 말이야, 세상을 바꾼 많은 사람도 아픔을 딛고 일어났어. 루이 브라유라는 사람을 알고 있니? 그는 다섯 살 때 사고로 두 눈을 잃었어. 하지만 절망하지 않고, 시각장애인들을 위한 점자 문자를 발명했지. 지금 우리가 아는 '점자'는, 루이 브라유가 자신의 불행을 받아들이고, 그 속에서 길을 찾아냈기에 존재할 수 있었던 거야. 루이 브라유는 남들보다 불편한 조건 속에서도 자신만의 방식으로 세상을 환히 밝혔어. 그리고 그는 끝까지 세상을 원망하지 않았어. 자신이 할 수 있는 일을 묵묵히 해냈지. 이런 사람들을 보면 알게 돼. 아픔이나 장애가 인생을 망치는 게 아니라, 그걸 어떻게 받아들이느냐가 인생을 결정한다는 걸.

불행을 피할 수 없다면, 그걸 견디고 넘어서는 힘을 기르는 게 중요해. 우리 인생에는 크고 작은 장애물들이 끊임없이 나타나. 나처럼 몸이 아플 수도 있고, 사소하게는 작은 실수, 실패, 관계에서 오는 오해와 상처들. 그런 것들을 넘다 보면, 어느 순간 마음이 조금씩 강해져 있어. 처음엔 사소한 일에도 쓰러질 것 같았는데, 어느샌가 "이 정도쯤이야"하고 일어날 수 있게 되는 거야.

살아보니, 나쁜 일이 꼭 나쁜 것만은 아니었어. 내가 지금 이렇게 조금은 단단한 사람이 된 건, 오히려 아팠던 순간들 덕분이었어. 그래서 이제는 세상을 원망하지 않아. 나에게 일어난 모든 일이 나를 만들어준 재료였다는 걸 알게 되었으니까.

그러니 나쁜 일이 생겨도, 두려워하지 말자. 아프고 힘든 순간이 오더라도, 그게 네 인생을 끝내는 건 아니야. 오히려 그런 순간들이 너를 더 깊고, 멋진 사람으로 성장시킬 거야.

힘들 때는 "왜 나만 이런 걸 겪어야 해?"라는 질문 대신, 이렇게 물어보자.

"이 일은 나에게 무엇을 가르치려는 걸까?"

그렇게 생각하면, 고통이 조금은 덜 외롭게 느껴질 거야. 우리 인생에는 나쁜 일만 있는 게 아니야. 어떤 날은 믿을 수 없을 만큼 좋은 일이 생기기도 해. 예상치 못했던 멋진 만남, 작지만 따뜻한 기쁨들, 내가 몰랐던 내 힘을 발견하는 순간. 그러니까 오늘이 힘들어도, 내일은 또 새로운 희망이 피어날 수 있다는 걸 잊지 말자.

그러니까 사랑하는 내 동생아, 앞으로 어떤 일이 너를 찾아와도 두려워하지 마. 네 안에는 생각보다 훨씬 강한 힘이 있어. 아직은 몰라도 괜찮아. 조금씩 알아가게 될 거야.

하나만 기억해,

"네 인생에는, 좋은 일도 많을 거야. 정말로."

◆ 건강을 위해 열심히 실내 자전거를 타고 있는 언니가

조금 더 나은 나를 위한, 하루 10분의 기적

좀 더 멋진 사람이 되고 싶을 때

10분이라는 짧은 순간에 대해 생각해 본 적 있니? 언니는 예전에 면접에 10분 늦어서 면접 자체도 보지 못하고 집에 갈 수밖에 없는 상황에 부닥친 적이 있었어. 내가 10분을 늦은 이유는 쓸데없이 여유를 부렸기 때문이야. 침대에서 어기적거리는 거 5분, 머리를 말리면서 음악을 듣느라고 머리 말리는 데에 집중을 못 해서 또 5분 정도가 지체되었고, 어떤 구두를 신고 가면 될까 하고 고민하느라 또 5분을 허비했지. 늦었다고 생각하고 택시를 잡아탔지만, 교통상황까지 따라주지 않아 언니는 대략 10분을 늦고 말았단다.

침대에서 일어나기 싫어서 끙끙대는 시간은 충분히 줄일 수 있는 시간이었고, 음악을 듣지 않고 머리를 말리는 데에 집중했으면 다시 5분을 아꼈겠지? 그리고 옷이나 구두는 전날에 준비하는 게 맞아. 특히 면접처럼 중요한 일이 있을 땐 더욱. 이렇게 15분 이상을 아끼면 택시가 아니라 지하철을 타고 촉박하지 않게 면접장에 도착했을 거야. 이왕 조금 일찍 나오는 거 여기서 10분 더 일찍 나갔다면 면접장에서 몸과 마음을 풀 시간도 충분했겠지.

우리는 종종 삶을 바꾸고 싶다고 말하지만, 막상 어디서부터 바꿔야 할지 막막할 때가 있어. 대단한 결심이나 거창한 변화가 있어야 할 것만 같고 말이야. 하지만 삶은 아주 작은 습관 하나로도 천천히, 그러나 분명하게 달라질 수 있어. 그 시작을 '10분'이라는 시간으로 정해보면 어떨까.

먼저 10분 일찍 일어나 보는 거야. 아침마다 알람을 듣고 "5분만 더……"라고 중얼거리며 다시 눈을 감은 적 누구나 있을 거야(언니도 가끔 그래). 하지만 그 5분은 절대 수면이나 쉼이 아니야. 오히려 늦잠에서 오는 조급함은 우리의 하루를 망칠 수 있어. 면접을 보지 못했던 언니처럼 말이야. 허둥지둥 나갈 채비를 하다가 중요한 물건을 빠뜨리거나, 심하면 기분 나쁜 얼굴로 마주한 사람들과 괜한 갈등을 일으킬 수도 있겠지. 반대로 단 10분만 일찍 일어나면 그 하루는 정말 많이 달라져. 커튼을 젖히고 아침 햇살을 맞아보는 것, 물 한 잔을 마시며 깊게 숨을 들이마시는 것. 그렇게 여유 있게 시작한 하루는 그 자체로도 생산성이 다르고, 무엇보다 '나는 나를 잘 챙기고 있다'라는 자기 확신을 줄 수 있어.

오늘 10분 일찍 일어났으면, 이번에는 10분 일찍 약속 장소에 나가보는 거야. 누군가를 만나기로 한 시간보다 10분 일찍 도착하는 습관은 성실함 이상의 가치를 가져. 시간을 지킨다는 것은 상대를 존중한다는 뜻이고, 그 사람을 기다리는 10분은 곧 나 자신에 대한 신뢰로 돌아오거든. 실제로도 그래. 약속 시각을 잘 지키는 사람은 대체로 일도 믿음직하다고 평가받아. 먼저 움직이는 10분은 낭비가 아니야. 그건 너를 위한 투자이자 사색의 시간이야. 귀중한 10분이 되겠지?

10분 일찍 움직였다면 이번엔 10분 동안 방 정리를 해 보는 거야. 정리는 단순한 청소의 개념이 아니라 산만하고 어지러운 머리와 마음을 정리할 기회를 가지는 행위야. 물론 귀찮을 수 있겠지. 온종일 일과 사람에 치여 지치고 피곤할 때는 설거지 그릇도 그냥 두고 눕고 싶은 마음이 드는 게 당연하니까. 하지만 단 10분만 마음을 내 보자. 청소 후 정돈된 공간에서 다시 숨을 쉬면, 마음까지도 한결 가벼워지면서 '오늘 하루를 잘 살았다'라는 느낌을 줄 거야.

방을 정리했으면 마음도 정리해야겠지? 우리는 온종일 수많은 자극과 감정을 겪어. 누군가의 말 한마디에 상처받기도 하고, 해결되지 않은 일에 대한 불안이 마음 한쪽을 차지하기도 하지. 그런 날에는 잠자리에 들어서도 마음이 불편하고, 심지어는 꿈에서까지 쫓기는 느낌이 들기도 해. 그럴 땐 단 10분! 눈을 감고 내면을 들여다보는 시간을 가져보자. '오늘 나는 어떤 감정을 가장 많이 느꼈지?' '내가 오늘 한 행동 중 잘한 것은 뭐였지?' 그런 작은 질문을 자신에게 던지고 조용히 대답을 기다리는 시간. 마음속 쓰레기통을 하나하나 비우듯, 하루를 정리하고 나면 평온하게 잠에 빠져들 수 있어. 매일 이 시간을 가지면 자기 자신과 조금 더 가까워지는 느낌도 들 수 있고.

그리고 평온하게 잠잘 수 있는 또 다른 방법은 10분간 집 앞을 산책하는 거야. 일을 마치고 들어오면 아무것도 하기 싫다는 마음이 먼저 들겠지만, 저녁 식사를 마친 뒤 단 10분 만이라도 가볍게 바깥 공기를 마시며 걷는 시간은 놀라운 회복력을 가지고 있어. 걷다 보면 굳어 있던 생각도 풀리고, 누군가에게 상처받은 말들도 툭툭 떨어져 나가는 걸 느낄 거야. 숨소리에 집중하며 걷다 보면 조용한 밤공기를 느끼며 오늘도 잘 살아냈다는 안도감이 스며들지. 10분의 산책이 무슨 도움이 되겠나 싶겠지만, 매일매일 이어지면 그것이 곧 하나의 회복 루틴이 되기도 해. 운동이 아닌 '치유'로서의 산책을 즐기는 거지.

이 다섯 가지 10분은 거창한 목표도, 대단한 의지도 필요하지 않아. 다만 지금의 나보다 조금 더 나은 나를 만들고 싶다는 마음 하나면 충분해. 인생을 바꾸는 건 언제나 거대한 결심보다 작은 실천이야. 하루 10분, 그 시간이 너의 삶을 조금씩, 그러나 분명히 바꿔 줄 거라고 확신해. 언니를 믿고 10분의 기적, 오늘부터 실천해 볼래?

◆ 10분의 힘을 굳게 믿고 있지만 가끔은 게을러 지고 싶은 언니가

앞날을 열어주는 독서의 힘

독서를 해야 하는 이유

1994년 초등학생이었던 언니는 가정형편이 어려운 와중에도 부모님이 사 준 60권짜리 위인전에 빠져 있었어. 집에 워낙 읽을 책이 없기도 했고, 위인들의 어린 시절을 읽는 재미가 쏠쏠했지. 아장아장 걷던 너는 항상 언니의 책을 노리곤 했어. 내가 다른 곳을 보거나 자리를 비운 틈을 타 책을 찢고 크레파스로 책을 엉망으로 만들어 놓았었어. 지금 생각하면 아기의 귀여운 행동이지만, 그때 얼마나 억울했는지 매일 하나씩 찢겨가는 종잇장을 붙들고 매일 울었어. 그때부터 더 독서에 집착했던 것 같아. 어쩌면 글쓰기가 취미가 된 것도 다 너의 덕일 수도 있겠다는 생각이 드는구나.

동생아, 넌 어떠니? 쳇바퀴 같은 일상을 살아내느라 책을 가까이하지 않고 있는 건 아닌지. 바쁜 와중에도 책을 읽어 보렴. 여유가 하나도 없어 보이는 이 현실을 조금 더 '덜 힘들게', '덜 헷갈리게', '덜 후회하게' 살 수 있게 해 주는 게 책이야. 이건 단순히 '책 읽으면 문해력이 좋아져요' 같은 이야기가 아니야. 진짜 현실에서, 바쁘고 정신없는 삶을 살아가는 사람에게 왜 책이 필요한지 언니의 이야기와 함께 알려줄게.

언니가 가장 먼저 하고 싶은 말! 책은 '쓸데없는 감정 낭비'를 줄여줘. 사람은 하루에도 수십 번 감정에 흔들려. 기분 나쁜 말을 들으면 종일 곱씹고, 실수 하나에 괜히 자존감 무너지고, 누가 나보다 잘나 보이면 쓸데없이 초조해져. 그럴 때 언니는 책을 읽었어. 아주 짧은 에세이 한 줄이든, 오래된 철학책의 문장이든, 그 속에 나보다 먼저 그런 감정을 겪은 사람이 있었고, 그 사람은 그걸 어떻게 다뤘는지를 보면서, 언니의 감정도 조금씩 정리됐지. 책은 내 마음을 대신 말해주는 사람을 만나게 해 주는 도구야. 그래서 위로가 되고, 쓸데없는 생각을 덜어내고, 감정을 가다듬어주고 결과적으로 하루를 훨씬 가볍게 만들어.

내 감정과 생각을 다스리기 위해 책을 읽기 시작했지만, 책을 읽다 보면 생각이 정리되니까 내가 구사하는 '말'과 '글'이 조금씩 달라지는 것을 느꼈어. 언니는 원래 말도 서툴렀고, 글은 더더욱 자신 없었어. 근데 책을 많이 읽다 보니까 문장이 조금씩 눈에 익더라. 어떤 상황에서 어떤 단어를 써야 할지, 어떤 문장이 마음을 건드리는지, 읽으면서 하나하나 느끼게 되었던 거야. 그렇게 인풋이 쌓이니까 어느 순간부터는 내가 하고 싶은 말을 내가 직접 정리해서 쓰게 됐어. 다른 사람에게 힘이 될 수 있는 글을 써보고 싶어진 거야. 처음에는 그냥 일기처럼 썼고, 그다음엔 SNS에 글을 올려봤고, 그러다 용기 내서 책을 쓰는 것에도 도전하게 된 거지.

그리고 책은 생각을 '선명하게' 만들어줘. 요즘 세상은 너무 빠르고 시끄럽잖아. 영상은 짧고, 정보는 넘쳐나고, 의견은 너무 많아. 그럴수록 사람들은 자기 생각이 뭔지도 모르고 남이 하는 말에만 끌려다녀. 근데 책은 달라. 책은 천천히 읽어야 하고, 그렇게 천천히 문장을 따라가다 보면 생각이 많아져. 생각할 수 있는 시간을, 책을 읽음으로써 벌게 되는 거지. 그리고 그 과정에서 내가 진짜로 원하는 것, 내가 진짜로 동의하는 것이 뭔지 또렷하게 알게 돼.

언니도 책을 읽지 않았더라면, 누군가의 인생만 부러워하고 내 삶은 계속 흐릿했을 거야. 근데 책을 통해 삶을 여러 각도에서 바라보는 법을 배웠고, 그래서 글을 쓸 때도 내 이야기와 세상을 연결하는 감각을 가질 수 있게 되었어. 아직도 열심히 키워가는 중이지만 말이야.

요즘 바빠서 책을 읽을 수 없다고 이야기하는 사람들이 많잖아. 바쁠수록 오히려 '생각을 쉬게 해 주는 시간'이 필요해. 그럴 때 독서가 힘을 발휘할 수 있어. 이건 좀 의외일 수 있는데, 언니는 책 읽는 시간이 생각을 '하는 시간'이 아니라, 생각을 '쉬는 시간'이라고 느껴. 그 이유는, 책 속에 몰입하고 있을 땐 현재의 걱정이 잠깐 멈추기 때문이야. 책이 잠시 현실을 잊게 해 주는 그 시간 동안, 머리는 정리되고 마음은 조금 가벼워져. 이건 명상처럼 조용한 초기화 버튼 같아. 책을 읽는다는 건, 나를 위해 잠깐 세상을 멈춰주는 일이야. 생각을 쉬는 독서를 하기 위해서는 어느 정도 재미있는 책이어야겠지? 재미만 추구하는 독서가 나쁜 것만은 아니야. 인간은 재미가 있어야 그 활동을 지속하거든. 재미있는 책부터 시작해서 생각의 쉼을 한 번 느껴 봐.

결국, 책은 '미래의 나'를 준비시켜 줘. 지금은 바쁘고 피곤하고 하루하루에 치여서 책 한 권 펼 시간도 없어 보이지. 근데 미래에 누군가 "너는 어떻게 그렇게 단단해졌어?"라고 묻는 날이 오면, 아마 대답은 이거일 거야.

"나는 시간이 없을 때도 책을 읽었거든."

동생아, 바쁘지 않은 사람은 없잖아. 근데 그 속에서도 책 한 권 읽는 사람이, 훨씬 강하고, 유연하고, 깊어지더라. 지금 당장은 시간 낭비 같아 보여도, 나중에 네가 뭔가를 이루고 싶어질 때, 누군가에게 어떤 것을 말해야 할 때, 혹은 글이 쓰고 싶어질 때─ 그때 너를 도와줄 건 네 안에 쌓인 문장들이야. 그건 누가 대신 쌓아줄 수 없어.

오늘 하루 10분이라도 좋으니까 네 마음이 움직이는 문장 하나, 책 속에서 만나 봐. 그 문장이 너의 언어가 되고, 너의 글이 되고, 너의 힘이 될 거야.

◆ 서점 주인이 꿈인 언니가

기댈 곳

◆

바빠도 취미를 가져야 하는 이유

동생아, 우리가 함께 뛰어놀던 어린 시절을 너도 가끔 생각하니? 어린 시절에는 뛰어노는 게 취미이자 특기인데, 학교에서 취미와 특기를 써내라고 하면 취미란에 으레 독서, 음악감상 같은 걸 적어 내곤 했지. 우리의 취미는 사실 숨바꼭질이나 술래잡기였는데 말이야.

이제 너와 나는 어른이 되었고, 더는 술래잡기나 숨바꼭질은 우리의 취미가 아니게 되었지. 어릴 적엔 모든 것이 놀거리였고, 그게 바로 취미였는데, 어른이 되고 나니 취미란에 어린 시절보다 더더욱 쓸 게 없어져 버린 자신을 발견할 땐 없던 취미라도 하나 만들어야 하나 싶은 생각이 들 거야.

언니는 요즘 바이올린을 배우는 재미에 푹 빠져 있어. 처음엔 끽끽거리는 소리가 썩 마음에 들지 않았지만, 어느 날 텔레비전 클래식 채널에서 들은 바이올린 독주를 보고 가슴이 두근거렸지. 학원 교습을 알아보니 바이올린은 꽤 비싼 취미더라. 그러다 지역 소식지를 보고 찾아낸 평생학습원 바이올린 교습. 3개월에 이만 원하는 왕초보 바이올린 교실이었어.

바이올린을 처음 배우러 간 날을 기억해 보면 엄청나게 긴장했던 것 같아. 취미생활을 하러 갔는데 웬 긴장이라니 싶겠지만, 뭐든 처음 하는 건 떨리기 마련이잖아. 처음에는 바이올린을 배우고 있어도 이게 재미있는 건지 아닌지도 모르겠더니, 조금씩 연주할 수 있는 노래가 늘어가니 재미가 생기더라.

취미로 무언가를 배울 때 초심을 가지고 꾸준히 배우기가 어려워. 강제로 다녀야 하는 학교나 직장보다, 하고자 하는 노력이나 의욕이 더 많이 필요한 것이 자발적으로 무언가를 하러 가는 일이거든. 하지만 모든 것은 힘든 시기를 지나야 비로소 즐거움을 느낄 수 있어.

무언가를 배우는 것보다 원래 좋아하던 것을 취미로 키워보는 것도 방법이야. 글쓰기나 그림 같은 거 말이야. 넌 그림도 잘 그리고, 글쓰기도 웬만큼 하잖아. 모든 것이 너의 취미가 될 수 있는 거야.

동생아, 어른이 되면 바쁘더라도 어릴 적 숨바꼭질이나 술래잡기같이 나를 즐겁게 하고 설레게 하는 내 취미 생활 하나 정도는 만들어 두어야 해. 왜냐하면 우리 삶엔 역할이 너무 많잖아. 회사에서는 일 잘하는 직원이어야 하고, 가족에겐 착한 자식, 친구에겐 배려심 깊은 사람이어야 해. 그렇게 계속 누구의 기대에 맞추다 보면, 내 모습은 점점 작아지고, 결국 내가 누군지 잊게 돼. 근데 바이올린을 연주할 때의 언니는 그런 거 다 벗어던지고, 그냥 '소리에 집중하는 나'로 돌아갈 수 있었어. 그게 얼마나 중요한 경험인지 너도 꼭 알았으면 좋겠다.

그리고 취미는 감정을 정리할 수 있는 안전한 창구야. 사람은 감정을 계속 쌓기만 하면 언젠가는 터져. 특히 스트레스는 겉으로는 멀쩡해 보여도, 안에서는 천천히 쌓여가거든. 근데 언니에게 바이올린이 그렇듯이 감정을 흘려보낼 수 있는 무언가가 있으면, 마음속 압력이 서서히 빠져나가. 그러면서 힘들었거나 화가 나는 것 같이 부정적인 감정을 흘려보낼 수 있게 되는 거지.

그리고 취미는 '일 말고도 내가 할 수 있는 게 있구나'라는 자신감을 심어주기도 하더구나. 우리는 대부분 '성과' 중심으로 평가받잖아. 근데 바이올린을 연주하면, 그 순간만큼은 누구한테도 평가받지 않아. 내가 하고 싶어서 하는 거고, 잘하지 않아도 괜찮아. 조금씩 좋아지는 소리를 들을 때마다 "아, 나 이거 할 줄 아는 사람이구나" 싶은 작지만 단단한 자존감이 쌓이더라. 또, 취미는 바쁘고 힘든 삶 속에서 작은 틈을 만들어주기도 해. 내가 비로소 쉴 수 있는 활동인 거지.

언니가 마지막으로 하고 싶은 말이 있어. 취미는 너 자신을 돌보는 방법이라는 것. 너무 바쁘면, 나 자신에게 관심을 줄 틈이 없어. 밥은 대충 먹고, 잠도 설쳐가며, 계속 남의 기대를 채우느라 살게 되지. 하지만 취미는 "나는 내가 소중해"라고 말하는 시간이야. 바이올린을 연주하는 동안 언니는 나한테 집중했어. 내가 어떤 소리를 좋아하는지, 오늘은 어떤 빠르기로 가고 싶은지, 내 기분이 음악에 어떻게 스며드는지를 느끼는 시간. 그렇게 하루하루 나를 다시 돌보고 회복시키는 일이었어.

앞에서도 말했듯이, 무언가를 취미로 즐기기 위해서는 어느 정도의 연습과 수련이 필요해. 그 짧은 기간만 잘 이겨낸다면 취미라는 건 누구보다, 그리고 무엇보다 든든한 친구가 되어줄 거라고 장담할 수 있어. 그러니 포기하지 말고 시간을 내 취미를 가져보렴. 그러면 언니가 하는 말이 무슨 뜻인지 금방 알게 될 거야. 내 동생이 항상 행복하게 삶을 즐기길 바라.

♦ 오늘도 바이올린을 열심히 닦고 있는 언니가

나이 듦을 받아들이는 태도

늙어가는 것이 두려울 때

 서른아홉. 약봉지에 적힌 내 나이가 낯설게 느껴졌어. 오래전 아버지의 약봉지에 적혀있던 나이가 어느덧 내 나이가 되어 적혀 있었지. 스물아홉이 서른이 될 때 겪는 허탈감과 미래에 대한 두려움을 느낀 건 아니었어. 오히려 마음이 편안해졌지.

 언니에게도 삼십 대라는 시간은 존재했고, 그 시간 동안 나는 꼼지락거리며 아무도 모르게 성장하고 있었을지 몰라. 삼십 대가 되어서 나는 이십 대에는 경험하지 못했던 감정들을 느끼며 인생의 깊이를 알기 시작했어. 이직과 이혼을 겪으며 더. 삼십 대 초반에는 꿈을 좇아 밤샘 작업을 하기도 하고, 실패와 좌절에 눈물 흘리기도 했고, 남들을 보고 부러워하며 능력 없는 나를 탓하기도 했지. 그 열정과 눈물은 삼십 대를 지나 마흔 언저리까지 나를 끌고 올 힘을 낼 수 있게 해 주는 영양분이 되었어. 아마 사십 대, 오십 대를 지나며 언니는 내면이 더 성숙해지고 튼튼해질 거야.

나이 든다는 건 겁나는 일이 아니야. 사람들은 나이를 먹는 걸 마치 두려워해야 할 일처럼 이야기하지만, 사실 나는 시간이 쌓일수록 마음이 점점 더 편안해지는 걸 느껴. 예전에는 "나이를 먹으면 뭔가 대단한 사람이 되어야 하지 않을까?" 같은 부담을 느끼곤 했는데, 지금은 알아. 나이는 거창한 성공을 증명하는 숫자가 아니라, 나를 조금 더 깊고 단단하게 만들어주는 과정이라는 걸.

그리고 이건 언니가 나이 들어서 가장 좋은 점이라고 생각하는 건데, 어릴 때는 작은 일에도 쉽게 상처받고, 남의 말 한마디에 휘청거리곤 했어. "내가 틀렸나?", "내가 부족한가?" 하면서. 그런데 이제는 그런 생각이 들 때마다 마음 한편에서 속삭여.

"괜찮아. 너는 너대로 충분해."

어떤 말에도 쉽게 휘청이지 않는 중심 같은 게 생긴 거야. 이건 시간이 지나면서, 삶을 견디고 버텨본 사람만이 가지는 힘이야. 너도 어느 순간 느끼게 될 거야. '나도 많이 강해졌구나!' 하고.

그리고 나이 든다는 건, 마음에 여백이 생긴다는 뜻이야. 어릴 때는 세상 모든 걸 다 가져야 행복할 것 같았지. 사람도, 일도, 성취도. 하나라도 부족하면 안 될 것 같았어. 그런데 나이가 들면서 알게 돼. 세상 모든 걸 가질 필요는 없다는 걸. 오히려 비워야 내 삶에 소중한 것들이 들어올 수 있다는 걸. 요즘 나는 욕심을 조금 내려놓으니까, 사람을 대하는 마음도 훨씬 부드러워졌어. 미워하는 사람도 줄어들고, 부러워하는 마음도 덜해졌지. 남과 비교하기보다는, 그냥 내 자리에서 편안히 숨 쉬는 느낌이 들어. 아마 나이가 더 들면 더 편안해지겠지?

또 나이 들수록 좋은 점은, 작은 것에 쉽게 행복해진다는 거야. 젊을 때는 뭔가 거창한 꿈이나 대단한 성취가 있어야 행복할 것 같았는데, 지금은 아니야. 좋아하는 노래 한 곡을 듣는 일, 길거리에서 고양이를 만나는 일, 따뜻한 커피를 손에 쥐고 걷는 일. 그런 아주 사소한 순간들이 쌓여서 하루를 행복하게 만들어줘. 예전에는 이런 일들을 별로 중요하게 여기지 않았어. 그런데 지금은 이런 순간들이야말로 인생에서 가장 빛나는 순간이라는 걸 알아. 이 깨달음도, 아마 나이 들면서 얻은 가장 큰 선물 중 하나일 거야.

물론, 나이 듦이 항상 쉬운 것만은 아니야. 몸은 예전 같지 않고, 체력도 예전만 못할 때가 많아. 이십 대 때는 밤새 술 마시는 것도 크게 하기 어려운 일이 아니었는데, 이젠 한 번 밤을 새우면 몸 상태가 돌아올 때까지 일주일이나 걸린다니까? 또, 대화하다가 문득 단어가 생각이 안 나서 답답할 때도 있고, 때로는 주변에서 하나둘씩 멀어지는 사람들을 보며 쓸쓸해지기도 해. 하지만 그 모든 약해짐 속에서, 나는 더 강해지고 있다는 걸 느껴. 몸은 조금 느려지더라도, 마음은 점점 더 깊어지니까.

무엇보다 나이 든다는 건, 사랑하는 법을 배워가는 거야. 예전에는 사랑이란 거창한 거라고만 생각했어. 누구를 만나고, 뜨겁게 사랑하고, 불꽃처럼 타오르고. 하지만 이제는 알아. 사랑은 그런 격렬함만이 아니라, 조용히 곁에 있어 주는 거라는 걸. 기다려 주고, 믿어주고, 이해해 주는 거라는 걸. 이런 사랑을 할 수 있게 되는 것도, 아마 시간을 오롯이 견뎌야만 얻을 수 있는 능력일 거야. 그리고 너도 그런 사랑을 할 수 있는 사람이 되어가겠지.

너도 나이가 드는 걸 두려워하지 않았으면 해. 나이가 든다는 것은 사실, 엄청난 특권이야. 오래 살아내야만 얻을 수 있는 것들이 있거든. 여유, 깊이, 사랑, 그리고 진짜 나 자신을 알아가는 것. 어린 시절에는 꿈꾸기만 했던 것들이, 시간이 지나면서 내 안에 진짜로 자리 잡게 돼. 시간은 단순히 흘러가는 게 아니라, 우리를 조금씩 완성 시켜주는 거야.

그러니까, 사랑하는 내 동생아. 나이 먹는 것을 두려워하지 말고, 나이 들어가는 자신을 사랑해 줘. 어릴 때의 너도, 지금의 너도, 그리고 앞으로 나이 들어갈 너도 모두 소중해. 살아 있다는 건, 그 자체로 이미 대단한 거야. 그러니까 너는 지금처럼, 성실히,

너답게, 네 삶을 살아가면 돼.

　나는 네가 살아갈 앞으로의 시간이 궁금하고 기대돼. 언니가 응원할게.

◆ 항노화 화장품을 바르다 멈칫하는 언니가

네가 너무 소중해서

3장

커리어와 미래가 불안해요

괜찮은 길은 분명히 있어

좋은 직장을 찾을 수 있을까

동생아, 요즘 너의 얼굴에 자주 떠오르는 표정이 있어. 무심한 척해도 자꾸 눈이 흔들리고, 웃고 있어도 속이 복잡한 게 보여.

"이 길이 맞을까?"
"나 잘하고 있는 걸까?"
"앞으로 괜찮아질까?"

그런 물음표들이 너의 하루를 가득 채우고 있는 것 같아. 그중에서도 요즘 네가 가장 자주 꺼내는 말이

"좋은 직장을 잡을 수 있을까…"

이 말인 것 같더라. 이 불확실한 세상에서, 좋은 직장을 가질 수 있을지, 내가 그만한 능력이 있는 사람인지, 그리고 지금 하고 있는 노력이 과연 의미가 있을지... 너무도 자연스럽게 드는 의문들이지. 언니도, 그리고 많은 사람도 그 고민의 길을 지나왔어. 그래서 오늘은, 그 막막한 마음이 조금은 가벼워지기를 바라는 마음으로, 언니가 해 주고 싶은 이야기를 써볼게.

'좋은 직장'이라는 말이 먼저 어렵게 느껴지지? 생각해 보면 '좋은 직장'이라는 말엔 많은 의미가 담겨 있어. 연봉이 높은 곳, 복지가 좋은 곳, 일과 삶의 균형이 보장되는 곳, 내가 하고 싶은 일을 할 수 있는 곳, 사람들과 관계가 편안한 곳... 근데 웃긴 건, 그 모든 조건을 다 갖춘 '완벽한 직장'은 사실 거의 없다는 거야.

혹은, 어떤 사람에게는 완벽해 보여도, 다른 사람에게는 너무 버거운 환경일 수도 있어. 그러니까 결국 '좋은 직장'이라는 건 조건이 아니라, 나에게 맞는지 아닌지의 문제야. 내 성향과 잘 맞고, 내가 지치지 않고 일할 수 있고, 삶과 균형을 맞출 수 있는 곳. 그게 너한테 좋은 직장이야. 세상이 정한 기준보다, 너 스스로가 원하는 모습에 더 귀를 기울였으면 해.

언니도 한때는 좋은 직장이란 무엇인지 기준도 없이 "나는 안 될 거야"라는 생각에 눌려 있었던 때가 있었어. 언니도 취업 준비를 하던 시절엔 매일매일 자존감이 바닥을 쳤지. 면접을 볼 때마다 비교당하고, 붙지 않으면 마치 내가 실패한 사람처럼 느껴지고, 주변 친구들이 먼저 붙었다는 소식을 들으면 축하하는 마음보다 "나는 왜 안 되지?"라는 좌절이 먼저 찾아왔어. 그러다 보니 나중엔 서류를 넣는 것조차 무서워졌어. '어차피 떨어질 텐데 뭣 하러 해'라는 생각이 들더라. 근데 그런 마음이 오래 가면 결국 가장 무서운 건 '도전조차 안 하게 되는 자신'이야. 언니가 그 늪에서 빠져나오게 된 건, '좋은 직장에 가야지'라는 생각보다 '한 번만 해 보자. 오늘 하루만 해 보자'라는 작은 마음으로 돌아섰을 때였어.

　결과보다는 과정에 집중해 봐. 하루하루를 성실하게 보내는 그것 자체가 이미 큰 힘이야. 내일에 대한 불안보다, 오늘 내가 뭘 해 냈는지에 집중해 보자. 그리고 비교 대신, 방향을 점검해 봐. 친구들의 속도에 마음이 조급해질 때는 그들이 간 길이 아니라, 내가 가고 싶은 방향이 맞는지를 살펴보는 게 더 중요해. 너만의 좋은 직장은 그럴 때 찾아오는 거거든. 준비한 만큼, 언젠간 기회는 온다는 걸 믿어줘. 좋은 일은 늘 예고 없이 찾아와. 오늘 무심코 한 지원이 인생을 바꾸는 순간이 될 수도 있어.

　마지막으로 불안한 나도, 초조한 나도, 그 모습 그대로 괜찮다고 말해주자. 그래야 진짜 자신감이 생겨. 좋은 직장을 꼭 잡을 수 있을까? 언니는 말할 수 있어. 응, 잡을 수 있어. 너라면 분명. 왜냐하면, 너는 계속 앞으로 나아가고 있고, 중간에 포기하지 않았고, 자신을 믿으려고 노력하고 있으니까.

그리고 꼭 기억하렴! 걱정은 잠깐 내려놓고, 오늘의 너를 토닥여줘. 내일은 생각보다 더 괜찮을 거야.

언니가 항상 너를 응원하고 있어.

◆ 직장에서 일할 생각에 머리 아픈 언니가

길이 되어가는 중이니까

내가 하는 일이 미래에도 유망할까

요즘 AI가 발달하게 되면서 아마 모든 사람의 고민이, 나를 대체 할 수 있는 AI가 과연 나올까에 대한 것일 거야. 언니도 사실 그게 궁금한 사람 중 한 명이기도 해. 하루가 다르게 세상은 변하고 있으니까. 그래서 사람들은 '앞으로는 이게 뜬다더라' 하면 그쪽을 기웃거리고, '네가 하는 건 이제 사양산업이래.' 하면 괜히 내가 하는 일이 금방 없어질 것처럼 불안해지지.

경영학의 아버지라 불리는 피터 드러커는 "미래를 예측하는 가장 좋은 방법은 바로 그 미래를 만드는 것이다"라고 말했어. 대부분 사람은 '앞으로 뭐가 유망할까?'를 고민하잖아. 근데 그는 정반대의 말을 한 거야. 사람들은 세상이 '정해놓은 길' 위해 올라타기를 원해. 하지만 사실 진짜 의미 있는 길은 누군가가 직접 '닦아가며' 만든 길이었어.

일론 머스크도 비슷한 이야기를 했다고 해. 일론 머스크가 처음 전기차를 만든다고 했을 때 사람들은 다 말렸어. 그때만 해도 전기차는 미래가 없어 보였거든. 하지만 머스크는 전기차의 유망함을 '예측한' 사람이 아니라 그 유망함을 ' 현실로' 만든 사람이야. 미래가 그를 선택한 게 아니라 그가 미래를 만들어낸 거지.

이렇게 얘기하면 일부 특별한 사람의 이야기 같아서 잘 와닿지 않는다고 생각할 수도 있겠다. 그러면 시선을 조금 가까운 주변으로 돌려서 이야기해 보자. 우리가 우리 자리에서 할 수 있는 일은, 미래에 대한 정보에 너무 휘둘리지 않는 거야. '이 직업은 10년 뒤에 사라진대.' '이 기술이 앞으로는 많은 직업을 먹어 치운대.' 그런 뉴스는 매년, 아니 매일 쏟아져 나와. 근데 진짜 중요한 건 지금 너의 손에 있는 일을 어떻게 바라보고, 어떻게 다듬고, 어떻게 나만의 색으로 키워가는지야. 누군가는 빵을 구우면서도 브랜드를 만들고, 누군가는 꽃을 다루면서도 하나의 트렌드를 만들어. 직업보다 중요한 건 그 사람의 시선과 태도야. '유망한 일'을 찾기보다는 '유망한 사람'이 되는 것을 먼저 고민하자.

그러니까 동생아. 어떤 직업이 없어질까. 라는 질문에 너무 매달리지 말렴. 그건 아무도 몰라. 하지만 지금 알 수 있는 게 한 가지 있어. 지금 네가 하는 일이 너에게 의미가 있다면 그건 이미 네 안에서 자라고 있는 '사라지지 않을 일'이라는 사실이야. 사진관도 다 없어진다는 말이 많았지만, 바뀌고 있는 문화를 빨리 알아차리고 휴대전화 속 사진을 인화해 주거나 증명사진을 전문적으로 찍어주는 사진관은 아직도 많이 있지 않니.

반대로 미래가 보장된 일도 없어. 대신 '미래를 스스로 보장하려는' 사람은 있단다. 수많은 불확실함 속에서도 '나는 내가 하는 일을 믿고 뛰어들어 보겠다'라는 사람 말이야. 세상은 그런 사람들 덕분에 원활히 돌아가고 있어. 우리도 그런 사람이 되어서 내가 만든 유망한 직종에서 일하는 사람이 되어보자.

너의 고민이 조금 해결되었길 바라며,

◆ 유망한 직종에 대해 인터넷 검색을 멈출 수 없는 언니가

두 마리 토끼 잡기

안정적인 직장과 하고 싶은 일 사이에서

며칠 전 너와 밤 산책을 하다가 일에 관해 이야기했던 거 기억나니? 지금 다니고 있는 직장은 네게 너무 좋은 직장이지만 하고 싶은 일도 있어서 둘 다에 미련이 남는다는 말을 네가 했었잖아. 언니는 너의 그 말을 듣고 누구나 한 번쯤 생각해 보는 내적 갈등이 아닐까 싶었어. 언니도 얼마 전까지 그런 고민을 해서 직장을 그만둘까, 진지하게 생각해 보기도 했고. 안정적인 직장과 하고 싶은 일. 선택은 결국 하나지만, 고민은 끝이 없어. 왜냐하면, 이건 단순한 진로의 문제가 아니라, 앞으로 어떤 삶을 살고 싶은지의 문제니까.

우선 말하고 싶은 건 '안정적인 직장'이란 게 정확히 뭔지를 한 번 다시 생각해 보자는 거야. 많은 사람이 안정적인 직장을 '월급

이 꾸준히 나오는 곳, 퇴직금이 보장된 곳, 복지가 좋은 곳'으로 이해해. 그 말이 틀린 건 아니야. 그런데 그 직장이 너의 시간을 얼마나 앗아가는지, 너의 정신을 얼마나 소모 시키는지, 너의 삶에서 어떤 부분을 잠식하고 있는지도 같이 고려해 봐야 해. 단순히 경제적인 안정만으로는 삶 전체를 설명할 수 없어. 가끔은 그 안정이란 말이, 무언가에 도전하지 못하게 만드는 족쇄가 되기도 하거든.

반면, '하고 싶은 일'은 듣기만 해도 설레는 말이지. 하지만 현실은 녹록지 않아. 좋아하는 일을 하다 보면 언젠가 지치기도 하고, 좋아하던 일조차도 생계가 걸리면 싫어지기도 해. 열정 하나만으로 버티기에 삶은 너무 길고, 먹고 사는 문제는 그보다 훨씬 무겁지. 네가 하고 싶은 일이 정확히 뭔지, 그걸 통해 어떤 방식으로 수익을 만들 수 있는지를 냉정하게 따져봐야 해. 이상적인 그림을 그리고 있는 건 아닌지, 감정에만 기대어 판단하고 있는 건 아닌지도 자문해 봐야 하고.

많은 사람이 인생을 살아가면서 하나를 택하면 하나를 포기해야 한다고 생각하지만, 사실 중요한 건 타이밍이야. 당장은 직장을 유지하면서도 틈틈이 하고 싶은 일을 준비하며 타이밍을 보는 거지. 주말과 퇴근 후 시간은 생각보다 쓸 수 있는 자원이 많아. 그 시간을 단순한 휴식이나 소비가 아니라. 너의 가능성에 투자해 보는 거야. 힘들게 일하고 와서 좋아하는 일을 하기엔 체력적으로 조금은 벅차다는 것도 알아. 하지만 그만큼 부지런함이 있어야 하고 싶은 일을 내 것으로 만들 수가 있어. 그렇게 6개월, 1년을 쌓아간 다음에 더 큰 결정을 내리는 거지. 이렇게 하면 위험성도 줄이고, 마음의 불안도 줄일 수 있어. 그리고 무엇보다 중요한 건, 네가 진심으로 하고 싶은 일이라면 몇 달간 일과 병행해 보면서도 그 열정이 유지되는지 테스트해 볼 기회가 된다는 거야.

너무 성급하게 안정된 자리를 박차고 나오지 마. 반대로 두려움 때문에 하고 싶은 일을 계속 미루지도 말았으면 좋겠어. 인생은 길지만, 타이밍은 짧단다. 그 짧은 순간을 놓치면 다시는 같은 조건으로 돌아오지 않아. 그래서 더 신중해야 하고 더 구체적으로 고민해야 해.

어쩌면 너는 지금도 '답을 내려야 한다'라는 압박 속에 있을지 몰라. 그런데 삶은 그렇게 단번에 답이 나오는 문제가 아니더라고. 어릴 적 함수 배웠지? 그것처럼 여러 가지 조건을 넣고 수없이 계산해야 해. 그리고 그 과정에서 비로소 너에게 가장 맞는 해답을 찾게 되는 거야.

하나 더 조언하자면, 비교는 되도록 피하자. 친구는 이미 창업해서 잘 나가고, 누군가는 회사를 그만두고 프리랜서로 자유롭게 산다고 해도 그건 그 사람의 이야기야. 너는 너의 환경과 성향, 그리고 너만의 조건 속에서 결정을 내려야 해. 사람마다 인생의 우선순위가 달라서 남과 비교해서 내 선택이 잘못됐다고 느끼는 건 정말 의미 없는 일이란다. 기준은 언제나 '나'여야 하는 거 알지?

　마지막으로, 어떠한 선택을 했다면 책임을 져야 해. 이보다 무서운 말은 없다고 생각할 수도 있겠지. 나도 성인이 되자마자 들은 '책임'은 무섭고 크게 느껴졌으니까. 하지만 여기서 '책임'이라는 건 사실은 너 자신에게 정직해지는 거야. '이 길이 정답일지는 몰라도, 적어도 내가 후회하지 않도록 최선을 다하자'라는 마음. 그게 결국에는 너를 지켜줄 강력한 무기가 될 거야.

　어떤 선택을 하든 난 네가 그 안에서 최선을 다하게 될 거라는 것을 믿어. 넌 내 동생이니까. 그리고 그 과정이 결국 너를 더 강하게 만들어 줄 거란 것도 알고 있지. 길은 언제나 하나만 있는 게 아니야. 중요한 건, 너의 발걸음을 네가 스스로 정할 수 있는 용기와 그 용기를 쓸 준비가 되어 있다는 거야.

　사랑하는 내 동생아, 무언갈 고민하고 있다는 건, 더 잘살고 싶다는 표시니까 언니는 그런 너에게 감사하게 생각해. 항상 너의 뒤에서 응원할게.

◆ 안정적인 직장에서 벗어나 꿈을 펼쳐 보고 싶기도 한 언니가

세상에 공짜는 없다

워라밸을 챙기면서도 성공할 수 있을까

'워라밸'이라는 말을 들어본 적 있니? 몇 년 전부터 유행하기 시작한 신조어인데 이제는 예전부터 있던 보통 명사처럼 누구나 쓰는 개념으로 자리 잡았어. 쉽게 말해 일과 그것을 제외한 내 인생의 균형을 맞추는 일이라고 생각하면 되는 말이야. 요즘 우리처럼 워라밸을 중요하게 생각하는 사람들이 점점 많아졌어. 예전에는 '일단 성공하고 보자'라는 말이 당연하게 여겨졌고, 야근이 미덕처럼 치켜세워지던 시절도 있었지. 언니가 일하는 회사에서도 이제는 야근하지 않고 똑똑하게 일하는 직원을 더 좋게 보더라. 야근하면 오히려 효율적으로 일하지 않는다는 지적을 받기도 하고 말이야. 어때? 세월이 많이 변했지?

우리가 어린 시절 '워라밸'이라는 말은 없었지만, 공부를 일이라고 생각하면, 우리는 학창 시절에도 워라밸을 추구했다는 생각이 문득 드는구나. 학교에서 공부하고 집에서는 내 삶을 즐겨도 공부는 잘하고 싶은 마음. 우리 둘 다 워라밸을 바라서 항상 집에서는 개인의 삶을 추구하기 위해 둘이 수다를 떨고 맛있는 것을 해 먹곤 했지. 그러고 우리는 어떻게 됐을까? 둘 다 시험을 망쳤어. 일과 삶의 균형은 어린 우리에게도 우리가 지향하는 삶의 방향성이었지만, 얻기가 매우 힘든 숙제였지.

남녀노소를 막론하고 우리가 모두 하는 고민 "과연 워라밸을 지키면서도 성공할 수 있을까?" 이건 단순한 개인의 문제를 넘어서, 시대 전체가 던지는 질문이기도 해. 나도, 너도 지나가는 누군가도 다 하는 고민이라는 거지. 그래서 많은 사람이 지금도 답을 찾기 위해 노력하고 있어. 그 말은 아직 정답이 없다는 뜻이기도 하겠지? 하지만 어느 정도 방향은 말해줄 수 있을 것 같아. 내 얘기 한번 들어봐 줄래?

일단 우리가 흔히 말하는 '성공'의 정의가 뭔지를 생각해 보자. 누군가에게는 사회적으로 인정받는 것일 수도 있고, 누군가에게는 돈을 많이 버는 것, 누군가에게는 내가 원하는 방식으로 삶을 운영할 수 있는 자유를 가지는 것일 수도 있을 거야. 사람마다 성공의 정의는 다 달라. 중요한 건 너의 기준이 무엇이냐는 거야. 일과 삶의 균형을 지키고 싶다는 말은, 단순히 퇴근 시간을 맞추고 싶다는 건 아니잖아. 네 삶의 주도권을 일에 전부 내주고 싶지 않다는 거겠지?

그렇다면 그게 가능하긴 할까, 의문이 들 거야. 언니 생각에는, 가능하긴 한데 조건이 붙는 것 같아. 그 조건은 '남들과 똑같이 해서는 안 된다!'라는 거야. 워라밸을 지키면서도 눈에 띄는 성과를 내려면, 평범한 방식으로는 부족해. 평범한 시간에 일하고, 평범한 노력만 들이고, 남들처럼 주어진 업무만 해서는 경쟁력이 생기기 어려워. 만약 이렇게 일한다면 일은 챙기지 못하고 일을 제외한 내 인생만 챙기게 되겠지. 이게 우리가 원하는 삶은 아니잖아. 워라밸을 지키면서도 성공하고 싶다면, '전략'이 필요해. '양보다 질', '시간보다 효율'을 챙기는 거지.

회사에서 단순히 오래 있는 사람이 아니라, 문제 해결 능력이 뛰어난 사람으로 인식되어야 해. 회의 때 말을 많이 하는 사람보다, 한마디를 해도 핵심을 찌르는 사람. 양보다는 질을 생각하는 사람. 그렇게 실력과 성과가 쌓이면, 굳이 밤늦게까지 일하지 않아도 '이 사람은 실력 있는 사람'이라는 신뢰가 생겨. 신뢰는 곧 자유를 보장해. 누구도 신뢰하지 않는 사람에게 워라밸을 허락하진 않거든.

또 하나 짚고 넘어가고 싶은 건, 워라밸을 시간의 균형으로만 생각하지 않았으면 좋겠어. 쉽게들 그렇게 생각하지만 말이야. 일 8시간, 내 삶 8시간 이런 식의 수치는 표면적인 것일 뿐이야. 중요한 건 '정신적인 균형'이야. 예를 들어 퇴근 후 4시간을 온전히 나만을 위해 쓴다 해도, 그 4시간 동안 머릿속이 일 생각으로 가득하다면 그건 균형이 이미 무너진 거겠지? 반대로 퇴근이 늦더라도 일하는 동안 집중했고, 집에 와서는 편히 쉴 수 있다면 그건 균형이 잘 잡혀있는 인생이 되겠지. 결국은 일과 삶의 분리가 아니라 감정 소모를 어떻게 관리하느냐가 핵심이라는 거야.

워라밸을 지키고 싶다면 '욕심'을 조절해야 해. 모든 걸 다 가질 순 없다는 것을 인정하는 거지. 높은 연봉, 빠른 승진, 여유로운 삶, 일과 삶의 균형, 건강, 인간관계, 자기 계발....... 이 모든 것을 동시에 만족시킬 수 있는 사람은 거의 없어. 우선순위를 정해야 해. 나한테 정말 중요한 게 뭔지, 당장은 포기할 수 있는 게 뭔지를 잘 따져보는 거야. 슬프지만 그게 현실을 사는 방법이야.

언니도 그 모든 것을 원했던 적이 있었어. 회사에서 인정은 받고 싶고, 칼퇴근은 하고 싶고, 그러면서 빠른 승진까지 원했지만, 그것은 내 욕심일 뿐이었다는 걸 인정할 수밖에 없었어. 모든 것을 얻게 되는 그런 날은 절대 오지 않더라고. 누구나 이런 현실을 깨닫게 되면서 어른으로서 한 뼘 더 자라는 것이 아닐까 하는 생각을 최근에야 하게 됐어. 언니도 점점 철이 들어가고 있지?

워라밸은 '성공의 반대편'에 있는 개념이 아니야. 오히려 제대로 된 성공을 위해 꼭 필요한 기반이 되는 개념일 수도 있어. 중요한 건 그 균형을 누가 만들어주는 게 아니라 네가 만들어야 한다는 것. 네가 원하는 삶을 설계해주는 사람은 너 자신밖에 없다는 사실을 잘 알고 있잖니? 그러니 남의 기준은 잠시 접어두고 네 안의 기준을 명확히 세워보자. 그게 진짜 워라밸이야.

너는 이미 충분히 고민하고 있어. 그 자체가 정말 좋은 출발점이야. 중요한 건 그 고민을 혼자 하지 말고 하나씩 행동으로 옮겨보는 거야. 하루 30분이라도 일과 삶을 돌아보는 시간을 가져봐. 그러면 너만의 길이 조금씩 보이게 될 거야. 당장은 워라밸이 지켜지지 않더라도, 그것을 쟁취해 나가기 위해서 노력하는 너의 모습을 보고 싶어. 잘할 수 있겠지?

◆ 진정한 워라밸이 무얼까 다시 고민하는 언니가

깔끔하고 자신 있게!

회사를 그만두고 싶을 때

'교통사고가 나서 회사에 가지 못했으면 좋겠다, 아침에 일어났는데 열이 펄펄 끓어서 회사에 못 갔으면 좋겠다.' 누군가에게 무시당했을 때, 상사에게 억울하게 혼이 났을 때, 팀에서 인정받지 못한다고 느껴질 때, 아침마다 숨이 턱 막히는 출근길을 걷고 있을 때…… 우리는 퇴사를 생각하지.

"아, 진짜 다 때려치우고 싶다."

너도 지금 딱 이 기분일 거야. 더는 참기 싫고, 이런 대우를 받으려고 이 회사에 들어온 게 아니라는 생각. 내가 뭘 그렇게 잘못했나 싶고, 사람 취급도 못 받고 있다는 느낌. 그런 감정들 다 이해해. 내가 딱 이렇게 생각한 적이 있었으니까. 하지만 바로 그럴 때일수록 '감정'이 아니라 '현실'로 돌아와야 해. 언니는 그걸 못해서 많은 직장을 전전했지만 넌 그런 실수를 하지 않았으면 좋겠어.

　우선 이걸 말해두고 싶어. 회사를 그만두는 건 도망이 아니야. 단, 과거에 내가 그랬듯 '생각 없이 나오는 것'은 도망일 수 있어. 감정적으로 휘둘려서 충동적으로 결정을 내리면 후회할 가능성이 커. 이직이나 퇴사는 일종의 '인생 초기화' 버튼이나 다름없는데, 이건 눌러놓고 나서야 그 전에 제대로 작동했었다는 걸 깨달아. 그래서 신중해야 해. 회사를 나오는 건 '끝'이 아니라 또 다른 문제들의 '시작'일 수 있거든.

　회사에서 상사에게 혼났다고 무조건 네가 잘못한 건 아니야. 하지만 반대로, 네가 억울하다고 해서 무조건 상대가 틀린 것도 아닐 수 있어. 중요한 건 그 상황을 '냉정하게 복기해보는 힘'이야. 내가 어떤 말에 상처를 받았는지, 그 말의 어떤 부분이 나를 흔들었는지, 그 감정 뒤에 어떤 욕구가 숨어 있었는지…… 이런 걸 하나씩 뜯어보면 단순히 화가 나서 그만두고 싶은 게 아니라 존중받고 싶고, 성장하고 싶고, 인정받고 싶은 마음이 숨겨져 있다는 걸 알게 될 거야.

　그걸 알면, 퇴사라는 선택이 '이 감정을 해결하는 유일한 방법'은 아니라는 것도 보이기 시작해. 그만두는 대신 휴가를 내어 하루 이틀 생각을 정리하거나, 내 커리어를 돌아보며 다음 스텝을 설계하거나, 지금 자리에서 개선할 수 있는 부분을 찾는 노력도 방법이 될 수 있어. 감정을 덜어내고 나면 '진짜 문제'가 보이고, 거기서부터 '현실적인 선택지'가 생기는 거거든.

그리고 꼭 알아야 할 게 있어. 어디를 가든 비슷한 사람, 비슷한 상황은 또 만나게 돼. 이건 여러 직장을 전전하며 내가 뼈저리게 느낀 사실이기도 해. 다른 회사, 다른 상사, 다른 동료지만 결국 인간관계는 비슷한 패턴을 반복하더라고. 만약 지금의 감정적 동요가 반복되는 게 내 성격의 문제거나 대처 능력의 문제라면, 회사를 바꿔도 상황은 반복될 수 있어. 그러니까 '내가 바꿔야 하는 부분이 있는가?'도 반드시 함께 돌아봐야 해.

반대로, 정말 더는 개선이 불가능한 구조의 회사라면 나오는 게 맞아. 예를 들어 상사의 갑질이 구조적으로 지속되고, 인사팀도 묵묵부답이고, 나를 도울 수 있는 루트가 하나도 없는 곳이라면 그건 더 버텨봤자 소모전일 뿐이야. 그런 경우라면 이직을 계획적으로 준비해서 나오는 게 오히려 건강한 선택이야. "참는 게 미덕"이라는 말을 진심으로 믿으면, 인생이 고달파져(이건 언니가 잘 못 하는 부분이라고 자기반성을 미리 해 둘게······).

퇴사할 때도 주의할 사항이 있어. 나갈 거면 '깔끔하게' 나와야 해. 감정이 덜 가라앉은 상태에서 뒤집듯 나가면 나중에 후회가 남아. 회사에 대한 분노의 기반을 둬서 퇴사하면 다음 회사와 이 회사를 비교하게 되고 결국은 높은 확률로 어떤 곳에서도 만족하기 힘들어지지. 나오는 타이밍은 '감정의 끝'이 아니라 '이성의 시작'이어야 해.

혹시 이 글을 읽고 있는 네가 너무 지쳐있다면, 먼저 쉬어. 휴가를 써도 좋고, 그게 여의찮은 상황이라면 상담을 받아도 좋아. 감정이 바닥일 땐 제대로 된 결정을 내리기 어려워. 마치 배가 고프면 장을 보러 가지 말라는 말처럼, 감정이 고갈된 상태에선 중요한 결정을 보류하는 게 맞아. 충분히 회복하고 나면 생각도 훨씬 넓어져 있어. 그때 다시 판단해도 늦지 않아.

세상에 완벽한 직장은 없어. 그건 인정해야 해. 하지만 "내가 무너지면서까지 다녀야 할 곳"도 없어. 중요한 건 그 중간지점을 찾는 거야. 퇴사는 '감정'이 아니라 '데이터와 전략'으로 판단할 때 후회가 아니라 전환점이 되는 거거든.

이 글을 쓰면서 언니도 많이 반성했어. 감정적으로 회사를 대하진 않았는지, 섣부른 판단으로 내 커리어를 망치진 않았는지 말이야. 하지만 그런 시행착오를 겪으며 마음이 조금은 더 단단해졌기 때문에 이렇게 너에게 주는 글을 한 자 한자 써 나가고 있겠지? 우리 감정은 조금 추스르고 이성적으로 판단해서 똑똑한 결정을 내리도록 하자. 일단 먼저 밥부터 든든히 먹고 힘내렴!

◆ 항상 퇴사를 고민했던 언니가

누구에게나 처음은 있다

처음이라 두려울 때

언니는 일찍 일어나기 싫어서 첫 직업을 학원 강사로 정했어. 그때 난 23살이었어. 그 학원에는 언니보다 나이도 많고 경력도 많은 강사가 수두룩했지. 그들은 초짜인 나와 다르게 뭐든지 잘하는 사람들이었어. 수업부터 학생 관리까지 말이야. 일한 지 일 년도 안 된 초짜인 나는 그들과 비슷해지려고 열심히 노력했지만, 그들을 따라잡을 수가 없었어. 나는 왜 그들보다 수업도 못 하고 학생도 잘 다루지 못하는지 이해하지 못했고, 항상 억울하기만 했지.

세월이 흘러 내가 대단하다고 여기던 그들보다 내 나이가 더 많아졌고, 이제야 알게 됐어. 그들도 나 같은 초보 시절에는 서툰 자신을 데리고 살기 위해 많은 시간을 고군분투했다는 걸 말이야. 이제는 언니도 사회생활 경력이 쌓여 웬만한 일은 당황하지 않고 처리할 수 있게 되었지. 서툴던 젊은 시간이 나도 모르게 어디선가 계속 쌓이고 있었던 거야.

운전도 그랬어. 다른 사람들은 태어나면서부터 운전 실력 정도는 타고 태어나는 것처럼 도로에서 부드럽게 운전하는데, 언니는 차선을 지켜 전진하는 그것조차 어려워서 출근 시간마다 식은땀을 흘려댔지. 다른 사람들이 천재인 건지 내가 바보인 건지 고민했던 날들이 많았어. 차선 변경은 정말 큰 산이었어. 거울로 한참을 봐도 뒤차가 내 차와 얼마나 가까이 있는지 가늠이 안 돼서 핸들만 이리저리 돌리다가 다른 차에 피해만 주는 경우가 허다했지. 차가 한 대 지나갈 정도의 좁은 길이 나오면 큰길로 돌아가느라 지각도 많이 했어. 지금도 운전을 잘한다고 자부하진 못하지만, 이제는 긴장하지 않고 운전하는 정도가 되었지.

처음이란 건, 늘 낯설고 그래서 무섭지. 익숙하지 않다는 그것만으로도 마음이 조급해지고 때론 내가 너무 부족한 사람처럼 느껴질 수도 있어. 근데 동생아, 그거 아니? 모든 사람에게는 '처음'이라는 순간이 있었어. 그 사람이 아무리 능숙하고 멋져 보여도, 언젠가는 지금 너처럼 어색하고 떨리는 순간을 지나왔다는 거야.

알아둬야 할 건 초보 시절에는 당연히 실수하게 돼 있다는 거야. 언니는 그걸 생각하지 않고 초보 시절을 얼른 끝내려고 눈물을 흘리며 지나치게 아득바득 노력했던 것 같아. 이제 와 생각해 보면 그렇게까지 할 필요가 없었는데 말이야. 초보 티를 빨리 벗기 위해 스트레스를 받아 가며 모든 것에 임하지 않아도 괜찮아. 직장에서나 사회에서 조금 실수해도 다 용인이 되는 때가 초보 시절이거든. 그래서 그 시절도 나름대로는 다시 돌아올 수 없는 아름다운 시절이야. 시간에 나를 맡기고 하루하루 최선을 다하다 보면 어느샌가 성장한 네가 되어 있을 거야.

    동생아, 처음으로 무언가를 시작한다는 건 정말 대단한 거야. 처음 뭔가를 배우고 일하고 시도한다는 건, 모르는 길에 발을 들여놓는 용기를 낸다는 의미니까. 넌 지금 얼마나 멋진 일을 하고 있는 줄 아니? 실수도 하고 무너지고, 때로는 울기도 하겠지. 그 모든 과정이 너를 더 강하게 만들어줄 거야.

    동생아, 잘 못 해도 괜찮고, 느려도 괜찮고, 매일 불안해도 괜찮아. 그건 네가 잘 살아내고 있다는 증거니까. 처음이기 때문에 겪는 모든 감정은 자연스러운 거야. 그리고 너는, 그 처음을 멈추지 않고 계속 나아가고 있어. 그것만으로도 이미 충분히 잘하고 있는 거야. 그리고 언니는 언제나 네가 얼마나 용감한 사람인지 알고 있어. 그러니까 오늘도 내일도 부디 너무 자신을 깎아내리지 말고 처음이라는 걸 조금은 다정하게 안아주고 즐겼으면 좋겠어. 오늘도 처음을 살아내느라 수고했어. 너, 정말 잘하고 있어.

◆ 너의 처음을 응원하는 언니가

이미 이뤄낸 이야기

◆

눈에 보이는 무언가를 성취하고 싶을 때

얼마 전이야. 출근길에 지하철에서 어떤 여자를 봤어. 또래쯤 되어 보였는데, 무릎 위에 포스트잇이 가득 붙은 책 한 권을 올려놓고 읽고 있더라. 표정은 피곤해 보이는데 눈은 진지하고 집중력 있어 보였어. 그걸 보고 괜히 마음이 묘했어.

'저 사람은 무엇을 위해 저렇게 열심일까?'
'나는 요즘 뭐 하나 열심히 하는 게 있었나?'

그날 집에 와서 오랜만에 책장을 열었는데 두 달 전에 사놓고 읽다 말았던 자기계발서가 꽂혀 있더라. 표지에는 〈성공을 위한 작은 습관〉 이런 부제가 붙어 있었고, 책갈피는 여전히 24페이지에 멈춰 있었어. 마음이 좀 쓸쓸했지. 처음엔 나도 뭔가 이뤄보고 싶어서 샀던 책이었는데, 그 다짐은 어디 가고, 왜 이렇게 허무한 기분만 남았을까.

사실 나만 그런 게 아니더라. 친구들하고 밥 먹으면서 이런 얘기를 꺼내보면 다들 마음속에 비슷한 생각 하나쯤은 갖고 있었어.

"요즘 나 너무 정체된 느낌이야."
"회사 일만 하다 보면 내가 뭘 위해 사는 건지 모르겠어."
"뭔가 눈에 보이는 성과가 있었으면 좋겠는데, 아무것도 안 보여."

근데 가만 보면, 우리 다 뭔가를 하고는 있어. 회사에서 일하고, 약속을 지키고, 하루하루를 살아내고 있잖아. 문제는 그게 '눈에 보이는' 무언가로 연결되지 않는다는 거야. 그래서 자꾸 불안해지고, 나만 뒤처지는 것 같고, 내가 제대로 사는 건지 확신이 안 드는 거지.

동생아, 너도 요즘 그런 생각 들지? 뭔가 이뤄내고 싶고, 나를 스스로 "수고했어"라고 칭찬해 줄 만한 결과 하나쯤 있었으면 좋겠다고. 그 마음 정말 잘 이해돼. 언니도 그랬고, 지금도 가끔 그런 마음 들어. 특히 내 또래 사람들이 하나둘씩 무언가를 '이뤄낸 사람처럼' 보일 땐 더 그렇지.

그럴 땐 먼저 마음속에 있는 바람을 솔직하게 인정해 줘야 해.

"성과를 내고 싶다", "보이는 성취가 있었으면 좋겠다." 이런 말이 어쩐지 욕심처럼 느껴질 수도 있지만, 전혀 그렇지 않아. 그건 너 자신이 더 나은 방향으로 가고 싶어 한다는 뜻이고, 더 책임지고 살고 싶다는 의지의 표현이기도 해.

다만 그 마음을 현실로 이어지게 하려면, 세 가지가 꼭 필요해.

첫 번째는 '작게 시작하기'야. 우리 자꾸 뭔가 크고 멋진 걸 떠올리잖아. 자격증을 따야겠다, 부업을 해봐야겠다, SNS 계정을 운영해서 포트폴리오를 만들겠다…… 근데 너무 크고 멀리 있는 목표는 오히려 시작을 늦춰. 그래서 차라리,

'오늘 하루 20분만 책 읽기'
'이 주에 글 하나 써보기'
'하루 5천 원 아껴보기'

이렇게 당장 할 수 있는 것부터 해 보는 게 좋아. 그게 쌓이면 진짜 '무언가'가 만들어져.

두 번째는 '남과 비교하지 않기', 정말 어려운 일이지만 꼭 필요한 일이야. 사람마다 출발선도 다르고, 속도도 달라. 남들보다 늦게 가는 것 같아도, 내가 진짜 원하는 방향으로 가고 있다면 그건 분명히 옳은 길이야. 당장 보이는 게 없다고 해서 너무 위축되지

마.

　세 번째는 '기록하고, 드러내기'. 작은 시도도 기록으로 남겨봐. 그게 글이든, 사진이든, 메모든 뭐든 좋아. 그리고 어느 순간 되면 그 기록들이 너의 발자국처럼 쌓여 있을 거야. 세상에 살짝 보여주는 것도 중요해. 완벽해진 다음에 보여주겠다는 마음으로는 끝까지 못 보여줘. 부족한 채로도 꺼내놓을 수 있어야 기회도, 피드백도, 성취도 따라와.

　동생아, 눈에 보이는 걸 이루고 싶은 지금의 너는 이미 출발선에 서 있는 거야. 마음속에 그런 갈망이 있다는 그것 자체가 그냥 흘러가는 삶이 아니라, '방향 있는 삶'을 살고 있다는 뜻이야. 오늘도 수고했어. 지금은 작고 보잘것없게 느껴질 수 있어도 언젠가 그 모든 게 네가 말하고 싶어 하는 "이뤄낸 이야기"가 될 거야.

　언니도 오늘은 며칠 동안 쓰지 못했던 일기를 써보려 해. 내 인생을 기록으로 남겨두면 혹시 아니, 언니도 눈에 보이는 무언가를 성취할 수 있을지. 동생아. 우리 다시 한번 달려보자. 파이팅!

◆ 너와 발맞춰 뛰고 있는 언니가

직장의 온도

◆

직장 선후배와 적당히 잘 지내는 법

 살아가면서 언니를 가장 괴롭히는 것이 뭐였는지 아니? 넌 아마 나보다 더 잘 알고 있을 거야. 학교나 직장 안에서 모든 사람한테나 친절하고, 그만큼 사랑받기를 원한다는 점이지. 물론 모든 사람이 어느 정도는 사람들에게 사랑받기를 바라. 하지만 언니는 그 정도가 심해서 다른 사람의 눈치를 보다가 진이 다 빠질 정도였고, 내 감정을 속이고 다른 사람 감정에 나를 맞춰주곤 했었지. 누군가가 나를 싫어한다는 그것을 인정할 수 없었어. 하루 중 대부분을 차지하는 직장생활에서 내가 싫어하거나 나를 싫어하는 사람이 존재한다는 건 나에게는 엄청난 스트레스였거든. 하지만 직장에서 멀어져 조금 쉬면서 내 마음을 깊이 들여다보았고, 그렇게까지 살 필요가 없다는 걸 알았어. 그래서 이젠 너에게 내가 느낀 바를 얘기해 주려고 해. 혹시라도 직장에서 사람 때문에 힘들다면 꼭 끝까지 읽어주길.

언니도 이걸 잘 못 해서 힘든 시간을 겪었지만 가장 먼저 갖추어 둘 마음가짐은 직장 사람들과 너무 가까워지려고 애쓰지 말라는 거야. 직장 사람과는 '좋은 사이'가 되는 것보다 '불편하지 않은 사이'가 되는 게 더 중요해. 출근과 동시에 하루 중 대부분을 함께 보내는 사람들이라서, 더 정 붙이고 친하게 지내야 할 것 같지만, 꼭 그럴 필요는 없어. 오히려 너무 가깝게 지내다가 오해가 생기거나, 예기치 않게 생겨버린 사적인 감정이 일에 영향을 주는 경우도 많거든. 너는 이미 따뜻하고 다정한 사람이지만 그 마음을 직장 안에서도 계속 유지하거나 다른 동료들이 나의 그런 모습을 알아차리고 사랑해 주었으면 좋겠다고 생각해버리면 지치고 상처받기 쉬워. 직장동료는 가족도, 친구도 아니야. 그냥 '일을 함께하는 사람들'일 뿐이야. 그 이상도, 그 이하도 아닌 선을 스스로 명확하게 그어 두는 게 중요해.

스스로 선을 정했다면 '아니요.'라고 말하는 연습이 필요해. 직장에서 거절을 잘 못 하면, 결국 내가 '내 업무'에 들여야 할 시간을 누군가가 계속 갉아먹게 돼. 누가 부탁할 때, 처음 몇 번은 '그래, 도와줘야지' 하다가, 나중엔 그게 습관이 되고, 그들에겐 당연한 일이 되어버려. 그러면 나중에는 부탁이 아니라 지시처럼 느껴질 거야. "그건 제가 맡기엔 지금은 어렵습니다", "지금 제 일도 벅차서 도와드리기 어려울 것 같아요", "이번에는 좀 힘들 것 같습니다" 같은 말은 무례하지 않게 거절하면서도, 내 시간을 지키는 말이야. 오히려 이런 말들을 자연스럽게 잘하는 사람이 동료들 사이에서도 '자기 일에 대한 기준이 뚜렷한 사람'으로 보이게 돼. 착한 사람이 되려고 하지 말고, 존중받는 사람이 되어야 해.

거절하지 못하는 이유는 그 사람이 나를 미워할까 봐 걱정돼서가 가장 크지 않을까. 하지만 모두에게 잘 보이려고 에너지를 지나치게 쓰지 않아도 돼. 직장 내에서 "저 사람 왜 이렇게 시큰둥하지?", "좀 성격 있네" 소리 들을 수도 있어. 그런데 그 말 뒤에는 대개 '자기 기준이 확실한 사람'이라는 인식이 따라붙어. 직장은 사회생활이지, 인생의 우정 놀이터가 아니야. 우리가 모두를 좋아할 수 없듯, 모두가 나를 좋아해 줄 수도 없어. 그걸 인정하면 훨씬 편해져. 어차피 직장은 내 삶 전체의 한 조각일 뿐이야. 나를 있는 그대로 대하고, 내 역할을 충실히 해나가면 그걸로 충분해. 진짜 중요한 사람은 직장 밖에 있을지도 몰라.

꼭 그들을 좋아하지 않아도, 존중할 수 있어. 모든 사람에게 귀염받는 게 불가능하듯이, 모든 사람을 좋아하려는 노력은 너무 버거운 일이야. 애초에 불가능한 일이기도 하고. 누군가와 코드가 안 맞고, 감정이 불편해지는 순간이 온다면, 억지로 '좋아하려고' 하지 마. 대신 '이 사람도 자기 방식대로 살아가는 사람이구나' 정도로만 생각해. 좋아하지 않아도 괜찮아. 다만, 기본적인 예의와 선만 지키면 돼. 존중은 감정이 아니라 태도야. 감정은 나 혼자 조절할 수 없지만, 태도는 내가 선택할 수 있거든. 그렇게 태도를 유지하다 보면, 상대도 함부로 대하지 못하게 돼. 사람은 본능적으로 경계가 흐릿한 사람보다, 경계가 명확한 사람을 더 존중하게 돼. '이 사람은 여기까지만 허용하는구나'라는 메시지를 주는 순간, 함부로 대하려는 마음이 줄어들거든.

나를 함부로 대하려는 사람으로부터 나를 지키는 태도는 스스로 만들어야 해. 내가 어떤 태도를 보여주느냐에 따라, 사람들이 나를 대하는 방식이 정해져. 처음부터 무작정 열려 있고 친절하기만 하면, 상대는 그게 너의 '기준'인 줄 알아. 그리고 그 기준은 쉽게 무너져. 때로는 차갑게 보이더라도 단호한 태도와 일관된 기준을 보여주는 게 필요해. 나를 지키기 위한 선택이야. 직장 안에서 네가 버티고, 건강하게 오래 일하려면, 너 자신을 보호하는 방법을 알고 있어야 해. 사람에게 상처받고 흔들리는 순간에도 '나는 내가 어떻게 살고 싶은지를 잘 알고 있다'라는 감각이 있어야 해.

직장은 인생의 한 장일 뿐이야. 그 안에서 상처받고 자존감이 흔들리는 건 자연스러운 일이지만, 그게 곧 '내가 부족해서'라는 뜻은 아냐. 그냥 구조적인 문제일 때가 더 많아. 내 인간성이나 가치와는 별개야. 그러니까 회사 사람들과 잘 지내지 못한다고 해서 너무 괴로워하지 마. 내가 '소중하게 여겨야 할 관계'는 직장 밖에도 많이 있어. 회사는 너를 완성 시켜주는 공간이 아니라, 너의 삶을 잠깐 거쳐 가는 무대 중 하나일 뿐이야.

네게 보내는 편지 중에서 이번 주제를 쓸 때 가장 마음이 힘들었어. 이 선을 지키지 못했던 내가 너에게 이렇게 조언할 자격이 있을까. 하지만 언니도 인간관계에 관한 공부를 하며 몰랐거나 놓쳤던 부분을 알게 됐고, 내가 알게 된 것들을 네게 자연스럽게 전달해 주고 싶었어. 인간관계는 항상 힘들지. 직장 생활하며 가장 힘든 게 바로 인간관계일 거야. 그 숙제를 아직도 우리 둘 다 풀어나가는 중이지만 내가 쓴 글이라 하더라도 이 글을 여러 번 읽으며 언니도 마음을 다잡을게.

동생아, 넌 기본적으로 좋은 사람이라서 네가 하고 싶은 대로 해도 돼. 너무 남의 눈치 보느라 자신의 에너지를 낭비하지 않았으면 좋겠다. 그게 우리를 조금 더 행복한 사람으로 만들어 줄 거야. 우리 함께 잘해 보자!

◆ 글을 쓰며 너와 함께 깨닫고 있는 언니가

일잘러들의 숨겨진 특징

내게 주어진 업무를 잘하고 싶을 때

오늘도 좋은 하루 보냈니? 비가 와서 마음이 차분히 가라앉는 오후구나. 문득 달력을 넘겨보며 생각해 보니 언니가 벌써 사회생활을 시작한 지 17년이 되었더구나. 오늘은 17년 동안 많은 직업을 전전하고, 많은 동료를 만나면서 느꼈던, 일 잘하는 사람들의 특징을 정리해 봤어. 경력에 상관없이 일 잘하는 사람들은 몇 가지 특징이 있었고, 그것을 잘 활용하는 사람이 일을 효율적이고 효과적으로 처리하더라고. 우리는 일 잘하게 타고나진 않았지만, 후천적 일잘러가 될 수 있지 않을까 생각하며 시작해 볼게.

내 직장 상사 A는 결단력이 좋아서 일단 하고 보자 스타일이었어. 민원이 접수되면 어떻게 해야 할지 앉아서 고민하거나 계산하지 않고 일단 먼저 현장을 보러 나가고, 가능하면 현장에서 빠르게 민원을 처리하는 스타일이었지. 완벽하게 일 처리를 하는 날도 있었지만, 바로 해결하기 어려운 민원도 그냥 두며 시간을 끌지 않고, 어떻게 하면 해결할 수 있을지 발로 뛰며 방법을 찾더라. 그런 사람들이 일을 잘한다는 평가를 받아.

일하다 보면 고민할 일이 참 많지. 어떻게 할지 망설여지고, 선택이 어려울 수도 있어. 크게는 이번 프로젝트를 어떤 방법으로 목표 달성할지부터, 작게는 프레젠테이션 자료 배경 색깔까지. 그런데 너무 오래 고민만 하다 보면 결국 아무것도 하지 못하게 돼. 세상에 완벽한 결정이란 거의 없어. 그래서 어느 정도 고민했으면, 이제는 용기 있게 결정하고 실행으로 옮기는 게 중요해. 머뭇거리다 놓쳐버리는 기회들이 의외로 많아. 그리고 실수를 두려워할 필요도 없어. 실수는 고칠 수 있지만, 아무것도 하지 않는 건 아무 결과도 낳지 않거든. 일하면서 진짜 중요한 건 완벽한 판단이 아니라, 움직이는 결단력이야. 일을 잘하는 사람은 망설임보다는 실행을 선택해. 결정을 내린 다음, 필요하면 방향을 조정하지. 우유부단은 회피고, 결단은 책임이야. 일을 맡았다면, 책임질 수 있는 결정으로 마무리 짓는 연습을 해 보자.

내가 학원 강사일 때 만난 동료 B는 학생들에게 인기가 많은 강사였어. 다른 클래스는 정원이 다 차지 않아도, 그 강사의 수업에는 학생들이 꽉 차곤 했지. 학생들에게 그 강사의 수업이 인기가 많은 이유를 들어보면 하나같이 어려운 개념을 쉽게 설명한다는 거였어. 그 강사는 수학을 가르쳤는데, 함수나 방정식과 같이 어려운 개념들을 알기 쉽게 학생들에게 전달한다는 것은 그에게도 정말 큰 자산이었어. 그는 현재 일하던 학원에서 독립해 나와 자신의 학원을 개업해 열심히 꿈을 이루며 살고 있어. 소문으로는 그 학원에 들어가기 위해 대기하는 학생까지 있다고 하더라.

회사에서 인정받는 사람들의 특징 중 하나는, 말을 쉽게 한다는 거야. 쓸데없이 전문 용어를 늘어놓거나, 출처가 불분명한 말을 인용하거나, 장황하고 어렵게 말하지 않아. 오히려 짧고 명료하게, 누구든 이해할 수 있도록 설명하는 걸 더 중요하게 여겨. 말이 어렵다는 건, 때로는 본인도 제대로 이해하지 못하고 있다는 뜻일 수도 있어. 누군가를 설득하거나 함께 일할 때, 너의 생각을 쉽게 전달하는 능력은 곧 업무 능력이야. 상대방이 한 번에 이해할 수 있도록 말을 정리하는 습관을 들여봐. 그것만으로도 너는 신뢰받는 사람, 함께 일하고 싶은 사람으로 보이게 될 거야. 어려운 말보다 쉬운 말이, 길게 말하는 것보다 간결한 말이 더 강하다는 걸 기억하자.

내 또 다른 직장 상사 C는 항상 어디서든 환영받는 사람이었어. 그가 좋아했을지 아닐지는 모르지만, 온갖 술자리에 초대되는 사람이었지. 그가 있으면 어떤 안 좋은 분위기도 재미있게 환기가 돼. 항상 웃는 얼굴로 웃긴 말을 던지고, 재치 있는 행동을 하는 사람이었거든. 부하직원 앞에서도 망가지는 걸 두려워서 하지 않고 던지는 농담은 부하직원들의 긴장을 풀어주고, 그를 더 친근하게 느껴 업무와 관련된 소통도 자유롭게 할 수 있는 분위기를 조성하곤 했어.

회사 생활이 무거울수록, 유머가 있는 사람이 빛나. 유머는 단순히 웃긴 사람이 된다는 뜻이 아니야. 유머는 상황을 유연하게 만들고, 감정을 가볍게 풀어주는 도구야. 웃을 수 있는 사람은 쉽게 무너지지 않아. 유머는 회피가 아니라 현실을 다루는 능력이야. 일을 잘하는 사람은 유머를 통해 관계를 유하게 만들고, 긴장된 분위기를 풀고, 서로의 거리를 적절히 좁혀. 업무량이 많고 마감이 코앞일수록, 괴로움 속에서라도 웃을 줄 아는 사람이 있어야 팀이 무너지지 않아. 유머는 다른 사람들을 즐겁게 하기 전에, 먼저 나를 지탱해 주는 에너지야. 그러니 무겁고 피곤할수록, 말 한마디에 살짝 웃음을 섞어보자. 아무 말 없이 버티는 것보다 훨씬 건강한 방식이 될 수 있어.

내 직장 상사 D는 사람들로부터 일을 잘하고, 열심히 하는 사람으로 소문이 나 있어. 그가 일을 열심히 할 수 있는 이유는 집에서는 일 생각을 일절 하지 않고 편안하게 쉬기 때문이래. 그러면서 지키는 거지. 일과 감정을 분리하는 것, 그리고 일과 생활을 분리하는 것. 그러다 보니 자연스럽게 회사에 나가서는 자기 일에 집중할 수 있다고 해. 체력도 비축했고, 다른 사람의 반응에 크게 흔들리지 않는 거지. 그는 지키고 있는 거야. '신경 쓰되, 과하게 신경 쓰지 말자'라는 원칙을.

회사는 생각보다 사소한 일로 스트레스를 받기 쉬운 공간이야. 말투, 표정, 반응 하나에도 예민해질 수 있지. 그런데 모든 걸 일일이 신경 쓰다 보면 감정 소모가 너무 커. 그렇다고 아예 무심해지라는 말은 아니야. 적당히 살피되, 필요 이상의 해석은 하지 말자는 뜻이야.

일머리가 있는 사람은 일과 감정을 분리할 줄 알아. 감정에 너무 휘둘리기보다는 상황을 있는 그대로 바라보고, 거기서 필요한 판단만을 해. 중요한 건 일인데, 엉뚱한 감정에 집중하다 보면 본질을 놓치게 돼. 회사에서 벌어지는 모든 일에 관여할 필요 없어. 지나가는 말에 너무 오래 마음을 두지 말고, 사소한 오해에 나를 가두지 말자. 머릿속에 회사가 너무 큰 비중을 차지하게 되면, 퇴근 후에도 쉼이 오지 않아. 일과 내 삶을 적당히 분리하는 게 결국 오래 일할 힘이 돼.

마지막으로, 이건 너와 나에게, 그리고 우리 또래의 모든 사람에게 하고 싶은 말이야. 부정적인 평가에 흔들리지 말자!

회사에서는 다양한 피드백을 받게 돼. 칭찬도 있지만, 때로는 따갑고 불편한 지적도 있어. 중요한 건, 그 말 자체에 상처받기보다는, 누가 왜 그런 말을 했는지를 먼저 살펴보는 거야.

정말 너를 위해서, 더 나아지길 바라는 마음에서 나온 피드백이라면 기꺼이 받아들이고 개선해야 해. 하지만 악의적으로 깎아내리기 위한 말이라면 굳이 마음에 담아둘 필요는 없어. 모두의 말에 일일이 반응하다 보면 마음이 지치고 자존감도 흔들려.

일 지능이 높은 사람은 피드백을 '감정'이 아니라 '정보'로 받아들여. 어떤 말은 받아들이고, 어떤 말은 흘려보낼 줄 알아. 무조건 방어하지도, 무조건 수용하지도 않고, 균형을 잡아. 결국, 나를 무너뜨릴 수 있는 건 남의 말이 아니라, 내가 그 말을 얼마나 오래 품고 있는가야. 그러니까 너도 필요한 것만 취하고, 나머지는 흘려보내는 연습을 해 보자.

회사 생활은 복잡하고, 생각보다 감정의 파도가 큰 공간이야. 하지만 네가 자신을 단단히 세우고, 중심을 잘 잡아간다면 그 속에서도 충분히 흔들리지 않고 일할 수 있어. 괜히 똑똑해 보이려 애쓸 필요도 없고, 누구에게나 착한 사람이 되려고 할 필요도 없어. 중요한 건, 너의 생각과 감정을 건강하게 유지하면서, 그 안에서 필요한 선택을 하는 사람이 되는 거야.

쉽게 말하고, 빠르게 결정하고, 가볍게 웃고, 필요한 말만 담고, 가볍게 흘릴 줄 아는 사람. 그런 사람이 결국 회사에서 오래, 그리고 존중받으며 일할 수 있어. 오늘 하루도 그렇게 너 자신을 지키면서, 너답게 일할 수 있기를 바랄게.

◆ 일잘러가 되기 위해 노력하지만 쉽지 않은 언니가

네가 너무 소중해서

4장

관계와 외로움

내 편이 아무도 없다고 느껴질 때
◆
외로움 이겨내기

딱 죽고 싶을 때가 있었어. 직장생활하며 사람 때문에 힘들고 일 때문에 힘들 때, 자신들도 다 겪었던 상황이었으면서도 아무도 내 말을 제대로 들어주는 사람이 없다는 걸 느꼈을 때, 나조차도 내 마음에 귀를 기울이지 않아 마음이 절벽 끝까지 몰렸을 때. 친구들조차도 내 마음을 다 이해해 주지 못할 때. 그럴 때마다 마음 한구석이 쓸쓸하고, 세상에 혼자 덩그러니 남겨진 것 같은 기분이 들었어. 나는 정말 혼자구나 하는 생각에 울컥하는 나날들이었어. 아무리 옆에 사람이 있어도, 그들이 진짜 내 마음을 모를 것 같아 괜히 더 외롭더라. 하지만 그런 순간을 지나면서 언니는 깨달았어. 진짜 문제는 '내 편이 없다는 사실'이 아니라, '내가 나의 편이 되어주지 못했다는 것'이라는 걸. 남들이 나를 이해해 주길 바라기 전에, 내가 먼저 내 외로움을 인정하고, 내 감정을 품어

줄 필요가 있었던 거야.

　언니처럼 그런 순간이 너도 있었을 거야. 세상에 내 편은 하나도 없는 것 같고, 모두가 나를 이해하지 못하는 것 같은 외로운 순간 말이야. 네가 그런 감정을 느끼고 있다면, 언니는 무엇보다 먼저 이렇게 말해주고 싶어. "그 감정, 절대 잘못된 게 아니야." 이 말은 언니가 듣고 싶었던 말이기도 했고.

　살다 보면 누구나 외로움을 느껴. 겉으로는 활짝 웃고 있어도, 속으로는 고독을 껴안고 사는 사람들이 의외로 많아. 오히려 외로움을 한 번도 느껴 보지 않은 사람은 없을 거야. 그러니 네가 느끼는 외로움은 특별하거나 이상한 게 아니라, 우리가 살아가면서 자연스럽게 마주치는 감정 중 하나야.

　외로움은 마치 겨울바람 같아. 때로는 살을 에는 것처럼 아프고, 때로는 고요해서 더 쓸쓸하지. 그런데 그 차가운 겨울을 지나야만 봄이 오는 것처럼, 외로움도 결국 우리를 조금 더 강하게 만들어주는 시간이야. 문제는, 그 외로움 속에 파묻혀버리느냐, 아니면 그 시간을 견디며 자신을 다독이느냐 하는 거야.

　네가 외로울 때, 가장 먼저 해야 할 일은 네 감정을 외면하지 않는 거야. "나 외로워"하고 솔직하게 인정하는 것. 그게 부끄러운 것도, 약한 것도 아니야. 오히려 자기감정을 솔직하게 마주할 수 있는 사람이야말로 정말 강한 사람이야. 그리고 기억해. 외로움을 무조건 없애려고만 하지 말자. 외로움은 사라져야 할 적이 아니라, 이해받아야 할 친구야. 잠시 곁에 머물다가 지나갈 손님 같은 거야. 그러니 외로움을 느낄 때마다 "또 왔구나" 하고 가만히 받아들이자. 억지로 떨쳐내려 할수록 외로움은 더 크게 다가오거든.

또 하나, 외로움을 이기는 방법은 '작은 연결'이야. 거창하게 누군가와 깊은 대화를 나누지 않아도 괜찮아. 오늘 햇볕이 따뜻하다는 걸 느끼는 것, 길가에 핀 작은 꽃을 바라보는 것, 오랜만에 라디오를 켜 사람들의 사연을 들어보는 것. 이런 소소한 것들과 연결될 때, 마음 한구석이 조금씩 따뜻해지거든.

가끔은 나 자신에게 편지를 써봐도 좋아. "오늘 힘들었지? 그래도 잘 버텼어. 고마워." 이렇게. 말로 하지 못했던 마음을 글로 풀어내면, 이상하게도 외로움이 조금 가벼워져. 언니도 힘들 때마다 그렇게 했어. 그 편지들을 모아보니, 나도 몰랐던 내 강함이 거기 고스란히 담겨 있더라.

그리고 무엇보다 중요한 건, 네가 느끼는 외로움이 너를 정의하는 게 아니라는 거야. 외롭다고 해서 네가 부족한 사람인 것도, 사랑받지 못할 사람인 것도 아니야. 오히려 외로움을 느낄 수 있는 사람은 남의 아픔에도 공감할 줄 아는 따뜻한 사람이야. 때로는 외로움이 우리에게 이렇게 말하는 것 같아.

"너는 혼자서도 충분히 괜찮은 사람이야."

세상에 누구도 완벽히 내 마음을 알아줄 수는 없지만, 그런데도 나는 나를 지켜낼 수 있다는 걸 외로움을 통해 배우는 거야.

비록 모든 순간에 네 옆에 있진 못하더라도, 네가 외롭다고 느낄 때마다, 언니가 마음속으로 "괜찮아, 너는 혼자가 아니야"라고 속삭이고 있을 거야.

외로움은 지나간다. 그리고 그 시간 속에서도 너는 계속 자라고 있다는 걸, 절대 잊지 마.

♦ 오늘도 외로워서 베개를 끌어안고 자는 언니가

대화 잘하는 법

경청의 힘

　며칠 전 넌 내 앞에서 눈물을 보였지. 오랜만에 보는 눈물이었어. 직장에서의 일이 잘 안 풀리고 사람 때문에도 힘들다고 말이야. 언니는 갑작스러운 너의 눈물에 얼어버려서 아무 말도 하지 못했어. 난 어릴 적부터 잘 울고 마음이 약했지만, 넌 옛날부터 항상 강단 있고 눈물도 잘 흘리지 않는 강인한 아이라고 생각했거든. 그런데 내 앞에서 눈물이라니. 마음이 너무나 답답했는지 눈물을 흘리면서도 모든 걸 쏟아내듯 이야기하는 네 모습을 보고 있으니, 직장생활로 인해 힘들었던 내 모습도 떠올랐고, 울며 그만두겠다고 말하던 직장동료의 얼굴도 떠올랐어.

　너의 말을 차근히 들어주고 눈물을 닦아주고 아이스아메리카노를 주문해서 네 앞에 두었지. 얼마나 마음이 아프던지 꼭 네가 힘들어했던 그 상황, 그 자리에 내가 있는 것 같이 느껴지더라. 나도 같이 엄청 속상했어. 하지만 언니는 아무 말도 할 수 없었어. 너의 마음을 더 들어주고 싶었거든. 넌 조잘조잘 이야기하다가 눈물을 그쳤어. 그러고는 내게 고맙다는 거야. 언니는 아무것도 안 했는데 말이야. 넌 내게 자신의 이야기를 쏟아내면서 마음과 생각을 정리한 거야. 이제는 어떻게 행동해야 할지 잘 알 것 같다며 이제야 웃음을 보이면서 아이스아메리카노를 먹는 모습이 얼마나 예뻐 보이던지. 그때 언니는 들어주는 것에 대해 많은 생각을 하기 시작했어.

동생아, 너의 마음을 언니가 들어주는 것만으로도 기분 전환이 되었던 것처럼 네가 누군가와 대화를 나눌 때, 가장 중요한 기술은 말 잘하기가 아니야. 오히려 상대가 내뱉는 말 한마디, 한숨 섞인 목소리, 그리고 말 뒤에 숨은 마음을 읽어내는 '경청(傾聽)'이야. 경청이란 그저 모든 단어를 귀담아듣는 것이 아니라, 말 속에 담긴 감정과 생각, 그리고 상대가 진정으로 전하고자 하는 바를 이해하려는 태도를 가리켜. 쉽게 말해, 표면에 떠도는 물결이 아니라 그 밑에 흐르는 깊은 물살을 느끼는 거지.

경청을 잘하려면 몇 가지 요령이 필요해.

첫째, 대화의 호흡을 맞추는 연습부터 해 보자. 상대가 말을 꺼내면 깊이 숨을 들이마시고, 천천히 내쉬며 마음을 가다듬어봐.

그 작은 숨 고르기가 너에게도 여유를 주고, 상대에게는 너의 집중을 느끼게 해. 화살처럼 쏟아지는 말보다, 숨 고르듯 느긋한 대화의 박자가 서로에게 편안함을 선사하거든. 만약 네가 너무 급하게 반응하거나 조급한 마음으로 듣는다면, 상대는 너를 압박처럼 느낄 수 있어.

둘째, 상대의 말이 끝나기 전에 끼어들지 않는 연습을 하자. 인간은 본능적으로 상대를 이해하기 전에 자신의 경험이나 생각을 먼저 꺼내고 싶어 해. 하지만 네가 한 마디 더 보태기 전에, 상대가 어떤 감정으로 그 말을 꺼냈는지 온전히 들어줘. 때로는 말 한마디 없이 고개만 살짝 끄덕여도 충분해. "응", "그래", "알겠어" 같은 짧은 반응도 좋으니, 그것만으로 "네 이야기를 듣고 있어"라는 신호를 보내는 거야. 그런 마음이 잘 전달되면, 상대는 네 귀가 정말로 열려 있다는 걸 느끼고 더 솔직해질 수 있어.

셋째, 상대방의 입장이 되어보는 '공감의 상상'을 해 보렴. 네가 친구라면, 동생이라면, 혹은 낯선 사람이라면 어떨까? 그 사람이 왜 그렇게 말했는지, 어떤 경험이 떠올라서 그 반응이 나왔는지 헤아려 보는 거야. 그리고 표정과 몸짓, 말투 같은 보디랭귀지에도 세심히 눈길을 주렴. 목을 긁는 손짓, 눈을 흘겨보는 순간, 말로 다 드러나지 않은 마음이 몸짓을 통해 튀어나오거든. 그 작은 신호들을 놓치지 않을 때 비로소 상대의 진짜 감정을 읽어낼 수 있어.

넷째, 오직 '제대로 이해하기 위한 질문'만 던져야 해. "그럴 때 기분이 어땠어?", "혹시 다른 속내가 숨어 있는 건 아닐까?" 같은 질문은 상대의 내면을 더 깊이 보게 해 주지. 반면 "왜 그렇게 행동했어?"처럼 방어적으로 들릴 수 있는 질문은 피하렴. 네가 진짜 알고 싶은 건 상대의 판단이 아니라, 그 사람이 느낀 감정이란 걸 분명히 해야 해. 그래야 상대도 방어막을 내리고 마음을 열어 보일 수 있어.

다섯째, 듣는 것을 즐겨 보는 연습을 하자. 대화는 결국 서로의 세계를 공유하고, 새로운 것을 배우는 기회야. 네가 상대의 이야기 속에서 새로운 관점이나 알쏭달쏭한 감정의 파편을 발견할 때, 그 기쁨은 말로 다 할 수 없어. 그러니 '아, 이번에는 어떤 이야기를 들을까?' 하는 마음으로 기대감을 품고 귀를 열어 보렴.

여섯째, 정말 중요한 순간에만 말을 꺼내야 해. 능숙하게 말하는 것보다, 꼭 필요한 한 마디가 훨씬 더 큰 울림을 준다는 걸 기억하자. 대화의 골든 타임처럼, 상대가 진짜 위로가 필요하거나 의견을 구할 때만 네 목소리를 빌려주는 거야. 그러면 너의 말 한 마디가 상대에게 커다란 힘이 될 수 있어.

결국, 경청은 듣는 사람과 말하는 사람 모두에게 선물을 준단다. 듣는 사람은 상대의 이야기를 통해 배우고 통찰을 얻으며, 말하는 사람은 네 귀를 통해 치유 받고 위로를 얻어. 네가 온 마음을 다해 귀 기울이면, 그 대화는 서로의 성장과 치유를 위한 작은 마법이 될 거야.

동생아, 앞으로 어떤 대화 앞에서도 '경청'의 가치를 기억해 주렴. 그 모든 것이 모여 가장 완벽한 대화를 만들어 줄 거야. 네가 가진 따뜻한 마음과 집중력이 더해질 때, 누구든 네 이야기에 마음을 열고, 너 역시 그들의 마음속으로 들어갈 수 있을 테니까.

◆ 오늘도 남편에게 경청을 '강요'하는 언니가

가까운 사람과의 관계에서 지켜야 할 것

◆

예의는 어디서든 통한다

다른 사람들은 다 놀랄지 모르겠지만, 너와 난 중학생 시절쯤부터 한 번도 싸우지 않았잖아. 물론 한 쪽의 노력으로 그렇게 되는 건 아니겠지만, 언니를 존중해주고 언니의 말을 잘 따라준 동생에게 너무나 감사해. 우린 가까운 사람일수록 서로 예의를 지켜가며 사랑해야 한다는 것을 진작 알고 있었어. 그건 어디에서 배웠을까. 서로를 믿고 의지하는 사이좋은 자매가 되는 것은 어쩌면 세상에서 가장 축복받은 일 중 하나일지 모른다는 생각이 드네. 우리는 지금도 서로에게 가장 좋은 친구가 되어주고 있지.

지금 생각해 보면 처음부터 그렇게 서로 존중해주며 지내지는 않았던 것 같아. 초등학교 시절 서로 치고받고 싸우면 언니는 이내 울음을 터뜨리고, 넌 씩씩거리며 분노를 표출하곤 했지. 그러면 부모님은 언니가 언니 값 못한다고 오히려 나를 나무라곤 했어. 언니로서 동생을 잘 이끌어주지는 못할망정 주먹으로 맞고 운다고 말이야. 지금은 모든 것이 추억이 되었구나. 어떤 계기로 우리 사이가 좋아졌는지는 기억이 나질 않지만, 지금의 우리 사이는 다들 부러워할 만한 자매가 되었다는 게 중요하겠지?

가까운 사이일수록 예의를 지키고 서로 존중하며 지내야 한다는 걸 모든 사람이 알고 있지만, 그걸 막상 지키기는 어려워. 매일 얼굴을 보며 살아가는 사람에게 자신의 감정을 전가하거나 화풀이하기가 쉽거든. 마음이 편한 사람에게일수록, 우리는 경계를 늦추니까. 말투가 거칠어지고, 감정이 앞서고, 때로는 배려 없이 행동하기도 하지. 그런데 그런 순간이 쌓이다 보면, 아무리 가깝던 사이도 금이 가기 시작해. 서로가 서로에게 상처를 주고, 그 상처가 오래 가는 경우도 많지. 그래서 진짜 가까운 사람에야말로 더욱 신경 써야 해. 사랑하니까, 소중하니까, 그래서 존중해야 하는 거야.

때때로 가까운 관계가 겁날 때도 있어. 시간이 지나면서 서로가 너무 편해질 때, 그 편함이 무례로 이어질까 봐 두려워지기도 해. 또 한편으론, 내가 사랑하는 사람에게 상처를 줄까 봐 겁이 나. 그래서 어떤 사람들은 애초에 거리를 두기도 하지. 가까워지지 않으면 다치지도 않으니까. 하지만 살아보니 알겠더라. 상처받는 걸 두려워해서 거리를 두면, 얻을 수 있는 따뜻함도 함께 포기해야 한다는 걸. 진짜 소중한 인연은 상처 입을 각오를 하고서라도 다가가야 만들어져.

물론 조심해야 해. 친밀해지고 싶은 마음이 크다고 해서, 상대에게 내 방식을 강요해선 안 돼.

가끔은 "난 너를 생각해서 그런 거야"라는 말로 상대방에게 부담을 주기도 해. 하지만 진짜 배려는, 나의 방식을 강요하는 게 아니라, 그 사람의 방식을 존중하는 거야. 가까워질수록, 서로를 더 깊이 이해하고, 다름을 인정해야 해. 사랑이라는 이름으로 상대를 조정하려 드는 순간, 그 관계는 조금씩 무너지기 시작하니까.

반대로 친밀해지고 싶다면 상처 입을 각오를 해야 할지도 몰라. 우리는 완벽하지 않은 사람들이라, 아무리 아끼는 사이라도 실수할 수 있어. 상대방이 나의 못난 점까지도 그대로 받아들이면 좋겠지만 그렇게 하기는 쉽지 않아. 생각이나 가치관이 달라서, 때로는 바라는 것이 서로 달라서 상처를 주고받기도 해. 하지만 상처 입기를 두려워하면 그 누구와도 가까워질 수 없어. 그러니 가까워지고 싶은 사람이 있다면 그에게 어느 정도의 상처 입을 각오는 하는 것이 좋을 거야.

그럼 내가 가까워지고 싶은 사람과 가까워졌다면 끝일까? 결코 아니야. 가까워졌다고 생각한 순간이 진짜 시작이야. 가까워졌다고 해서 이제 아무렇게나 해도 된다는 게 아니라, 이제부터 서로를 더 깊이 이해해 가야 하는 여정이 시작되는 거야. 서로가 다름을 알아가고, 때로는 충돌하면서도 그 틈을 메워가는 과정. 그게 진짜 친밀함이지.

가까운 사람일수록 예의를 지킨다는 건, 결국 그 사람을 소중히 여긴다는 뜻이야. 아무리 가족이고, 친구고, 연인이어도, 서로를 존중하지 않으면 그 관계는 언젠가 틀어지게 돼. 반대로, 예의를 지키고 배려하는 마음을 잃지 않는다면, 어떤 어려움이 와도 다시 손을 잡을 수 있어.

나는 네가 있어서 정말 행복해. 우리의 과거도, 현재도, 앞으로의 미래도 다 소중하게 느껴져. 우리가 서로에게 가장 좋은 친구이자 가족이 되어줄 수 있다는 게 얼마나 큰 축복인지 매일 깨닫는 삶을 살고 있어. 가까운 사람일수록 더 따뜻하게, 더 존중하면서 살아가자. 서로의 작은 다름도 품어주고, 때때로 서툴게 상처를 주더라도 금세 손 내밀 수 있는 용기를 잃지 말자. 그렇게 함께 나이 들어가자. 지금처럼만.

◆ 엄마에게 잔소리하고 싶지만 참고 있는 언니가

추운 겨울을 지나고 있는 너에게

막연한 불안감이 몰려올 때

20대 시절 언니가 밤에 자주 잠을 못 자 많이 힘들어했던 거 알고 있지? 아무 이유 없이 밤이 되면 찾아오는 불안감. 그리고 꼬리에 꼬리를 무는 생각들과 이유 없이 앞날이 캄캄하게 느껴질 때. 뭔가 큰일이 생긴 것도 아닌데 이상하게 마음이 무거웠어. 일도 자꾸 엇나가는 것 같고, 앞으로 뭘 해야 할지도 모르겠고. 그러면서 '지금까지 내가 잘 살아온 건가?' 싶은 순간들이 있었지. 그럴 때 이상하게 과거의 기억까지 엉겨 붙어서 나를 더 괴롭게 했어. 어릴 때 받았던 상처, 내가 견뎌야 했던 상황들, 사람들 앞에서 했던 실수까지 죄다 다시 떠올랐지. 마치 지금 이 상황이 그때부터 정해져 있었던 것처럼 느껴지기도 하고, 그래서 괜히 억울하고, 피해의식도 생기고.

기억나니? 너와 같이 살 때 그런 생각들로 잠을 잘 수 없을 땐 우리 둘이 따뜻한 차 한잔을 하며 밤새도록 이야기를 나누곤 했었지. 언니와 동생만이 공유할 수 있는 비슷한 결의 말들을 주고받으며, 함께 자라왔던 어린 시절의 기억을 떠올려 둘 다 깔깔 웃고 있노라면 언니는 많이 안심했고, 편히 잠자리에 들 수 있었어.

그래서 네가 지금 느끼는 앞이 캄캄한 그 마음, 언니도 정말 잘 알아. 그건 마치 겨울을 지나고 있는, 혼자라서 더 춥고 힘든 사람처럼 느껴지게 하지. 이제는 멀리 떨어져 있어 언니가 힘들 때 네가 그래 주었던 것처럼 밤새도록 차를 마시며 이야기를 나눌 순 없지만 이젠 네게 무언가를 말해줄 수 있을 정도로 자라난 내가 그동안 써본 몇 가지 방법을 알려주려고 해.

가장 먼저 너에게 해 주고 싶은 말이 있어. 불안하다는 건 '위험하다'라는 경고음이 아니라, "지금 중요한 걸 신경 쓰고 있다"라는 표시라는 거야. 그러니까 그 불안을 '내가 원하는 것이 있다는 증거'로 해석해 봐. 예를 들어, 미래가 막막해서 불안한 건, 너무 멍하니 사는 게 싫어서 그런 거야. 그건 나쁜 게 아니라, 너 안에 어떤 갈망이나 방향성이 있다는 증거야. 그럴 때는 그냥 앉아서 '왜 불안하지?'라는 감정 놀이를 하지 말고, 종이에 써봐.

"나는 지금 뭘 원하고 있지?"

불안은 없애는 게 아니라 읽어내는 거더라고.

두 번째는 '당장의 목표' 말고, '삶의 태도'를 먼저 정해야 해. 많은 사람이 당장 뭘 할지를 정하려고 애쓰지만, 진짜 중요한 건 그 일을 '어떻게' 할지를 정하는 거야.

"난 앞으로 어떤 일이든 '성실하게' 하기로 했어."
"난 누구와 있든 '존중하는 사람'이 될 거야."

이런 삶의 태도는 실패하지 않아. 일이 망해도, 관계가 틀어져도, 그 안에서 너는 계속 성숙해져. 지금 당장 목적지를 못 정했다면, 운전 습관부터 먼저 정하는 거야. 결국 그 습관이 너를 좋은 곳으로 데려다줄 테니까.

세 번째…… 이건 말할지 말지 고민한 건데 언니만의 방법이었으니 말해줄게. 고개를 갸우뚱할 수도 있는 이야기지만, 지금 당장, 작고 이상한 프로젝트를 하나 시작해 봐. 세상에 보여줄 필요 없어. 그냥 나만의 프로젝트야. 예를 들어, 하루에 바닥 사진만 찍는 '발끝 일기 프로젝트', 매일 듣는 말 중에서 가장 웃긴 말 메모하는 '웃긴 말 수집', 편의점 도시락만 먹고 평점 매기는 '혼밥 리뷰'. 이상하지? 근데 이런 쓸모없어 보이는 일들이 의외로 사람을 살려. 그걸 하다 보면, 자존감도 살아나고, 세상이 덜 낯설어져. 그게 결국 너만의 취향과 관점이 돼. 그건 누구도 흉내 낼 수 없는 너만의 무기야.

그리고 나선 그 밑에 네 감정의 날씨를 매일 한 줄로 적어 봐.

우리는 왜 기분이 안 좋은지도 모른 채 며칠씩 끙끙대. 근데 감정도 날씨 같아서, 기록해 두면 패턴이 보여.

"오늘은 이유 없이 흐림. 몸은 멀쩡한데 마음이 눅눅함."
"햇볕은 나는데, 바람이 세서 마음이 좀 휘청."

그런 식으로 적어 보면, '나는 언제쯤 무기력해지고, 어떤 날 기운이 나는지' 내 감정의 주기를 파악할 수 있어. 그러면 조절이 가능해져. 감정이란 게 '관리'가 가능하다는 걸 알게 되면, 삶이 덜 무서워져.

마지막으로, 혹시 네가 하는 일이 전혀 의미 없어 보이고, 지금의 모든 시간이 헛되게 느껴질 때가 오면 이런 말을 기억해 줘.

"위대함은 조건이 완벽할 때 무언가를 하는 게 아니라, 불완전함 속에서도 계속 시도하는 데 있다."

빈센트 반 고흐가 한 말인데, 멋지지 않니? 우리는 늘 완벽한 타이밍을 기다리지만, 그건 오지 않아. 모든 게 불완전하고 모든 게 어정쩡할 때도, 그 안에서 묵묵히 자기 걸 해내는 사람이 결국 이겨. 네가 지금 막막하고 불안하더라도, 작은 일부터 다시 시작하면 돼. 누가 뭐래도 너는 잘해 낼 거야.

지금은 답이 없어 보여도, 언니는 믿어. 너는 결국 너만의 길을 만들어갈 사람이야. 그러니까 오늘 하루만큼은, 자신을 좀 더 믿어주고, 조용히 한 걸음만 내디뎌봐. 그 한 걸음이 너를 앞으로 조금 더 데려다 줄 거야.

언니가 늘 응원할게.

♦ 이젠 매일 꿀잠 자는 너의 언니가

천천히, 신중하게, 용기 있게

결혼이 망설여질 때

결혼이라는 것, 참 무섭지. 되돌릴 수 없는 선택이잖아. 요즘은 이혼이 흔하다고는 하지만, 서류상으로 흔적이 남기 때문에 아예 없던 일로 되돌릴 순 없어. 동생아, 네가 결혼이 망설여진다고 했을 때, 언니 때문일까 하고 잠시 생각한 적이 있었어. 언니가 이혼을 해서 결혼에 대해 나쁜 생각을 가지게 된 거 아닐까 하고 말이야. 네가 자세히 언니한테 말한 적은 없지만 여러 가지 이유로 결혼이 망설여지는 건 어쩌면 당연한 일일 수도 있겠다는 생각이 들었어. 꼭 언니 때문이 아니라도 말이야.

언니도 결혼할 때 이게 맞나, 내 선택이 정말 맞긴 한 걸까 많이 고민했던 기억이 나. 사실 그때는 사랑이 모든 걸 해결해 줄 거라 믿고 싶었던 것 같아. 하지만 사랑만으로는 부족한 게 결혼이더

라. 매일 함께 살아가야 하고, 현실적인 문제들을 함께 풀어가야 하는 게 결혼이니까.

결혼을 망설이게 되는 요소는 생각보다 많아. 너의 경우는 어떤 이유로 망설여지는지 알고 싶지만 그건 나만의 의문으로 남겨둘게.

가장 먼저, 경제적인 불안정이 있어. 아무리 둘이 사랑한다고 해도, 생활비, 집 문제, 미래 계획 같은 것들은 현실적으로 무시할 수 없어. 돈이 전부는 아니지만, 돈이 없으면 사랑이 시험대에 오르는 순간이 분명히 찾아와. 그리고 성격 차이도 무시할 수 없어. 연애할 때는 서로 맞춰주기도 하고, 좋은 면만 보려고 애쓰지만, 결혼은 생활이야. 사소한 습관, 가치관의 차이가 쌓이면 서로를 힘들게 할 수도 있어. 작은 갈등이 반복될수록 사랑도 지치더라.

가족 문제도 생각해 봐야 해. 결혼은 단순히 두 사람만의 일이 아니야. 서로의 가족과 관계를 맺어야 하고, 때로는 가족 문제로 힘든 순간이 오기도 해. 상대방이 자신의 가족을 대하는 태도, 그리고 나를 가족에게 소개하고 대하는 방식은 결혼을 결심하기 전에 꼭 살펴봐야 해. 또 하나, 미래에 대한 방향성 차이도 있어. 예를 들어 어떤 사람은 조용히 안정적인 삶을 원하는데, 다른 사람은 모험을 즐기고 큰 꿈을 꾸는 걸 좋아할 수도 있지. 이런 방향성이 다르면 시간이 갈수록 서로가 원하는 삶의 그림이 달라져서 힘들어질 수 있어.

그리고 마지막으로, 내가 정말 이 사람과 평생을 함께할 수 있을까 하는 근본적인 의문. 이건 아무리 계산하고 생각해도 답이 안 나오는 문제야. 그래서 감정뿐 아니라 이성도 함께 사용해서 자신에게 솔직하게 물어봐야 해. "이 사람과의 일상이 행복할까? 어려운 순간에도 이 사람과 함께 버텨볼 수 있을까?" 하고 말이야.

그렇다면, 결혼을 망설이는 마음이 들 때 어떻게 해야 제대로 된 결정을 할 수 있을까?

첫 번째는, 감정에만 의존하지 말고 냉정하게 상황을 바라보는 것이야. 사랑이 깊어지면 마음이 앞서게 마련인데, 그럴수록 현실을 똑바로 보려고 애써야 해. 상대방과 경제적 계획을 어떻게 세울지, 문제 상황에서 어떻게 대처할지 대화를 충분히 나눠봐야 해.

두 번째는, 나 자신의 삶에 대한 계획을 점검하는 것이야. 결혼이란 두 사람이 함께하는 삶이지만, 각자의 삶이 완전히 사라지는 건 아니야. 내가 원하는 인생이 무엇인지, 내가 지키고 싶은 가치는 무엇인지 자신에게 물어봐야 해. 결혼하더라도 나 자신을 잃지 않고 살아갈 수 있을지, 꼭 생각해 봐야 해.

세 번째는, 두려움을 지나치게 부풀리지 말아야 한다는 거야. 결혼이 무서운 이유는 실패에 대한 두려움 때문이기도 해. 하지만 모든 선택에는 어느 정도의 위험이 따르는 법이야. 중요한 건 완벽한 사람을 찾는 게 아니라, 함께 성장하고 노력할 수 있는 사람을 찾는 거야. 두려움 때문에 좋은 기회를 놓치지 말고, 필요한 만큼 충분히 고민한 후에는 용기 있게 결단을 내려야 해.

네 번째는, 혼자만 고민하지 말고 신뢰할 수 있는 사람과 충분히 이야기하는 것이야. 혼자 머릿속에서 계속 돌리면 점점 불안과 걱정이 커질 수 있어. 진심으로 너를 아끼는 사람들과 대화하면서 객관적인 조언을 듣는 것도 큰 도움이 돼. 다만, 최종 결정은 어디까지나 '내 마음'이어야 해. 그리고 마지막으로, 결혼을 선택하든, 하지 않기로 하든, 그 선택을 후회하지 않기로 마음먹는 것이야. 어떤 선택이든 완벽할 순 없어. 살면서 후회할 순간이 올 수도 있어. 하지만 그 선택을 한 그 순간만큼은, 나를 믿고 사랑해 주자. 어떤 길을 가든, 그 길을 나답게 살아가는 게 제일 중요하니까.

동생아, 결혼이 망설여질 때는 네 마음 깊은 곳을 들여다봐. '사랑하니까'만으로 결정하지도 말고, '두려우니까' 만으로 포기하지도 마. 천천히, 신중하게, 하지만 용기 있게. 그게 너다운 길을 만드는 방법이야. 언니는 어떤 선택이든, 너를 응원할게. 네가 무엇을 선택하든, 네 삶이 너 스스로 자랑스러울 수 있기를 진심으로 바란다.

◆ 두 번째 결혼생활에 실패하지 않기 위해 무던히 노력하고 있는 언니가

지금 더 많이 사랑해야지, 더 많이 표현해야지
◆
부모님과 죽음으로 인한 헤어짐이 갑자기 무서워질 때

아버지. 우리가 서로에게 그토록 의지할 수 있었던 이유, 바로 아버지였지. 젊은 시절의 아버지는 우리에게 공포의 대상이었잖아. 술을 드시지 않았을 때는 자상하고 유머 있는 아버지였지만, 일주일에 오 일은 술을 마시고 들어와 물건을 부수곤 했지. 그러고는 우리를 불러 트집을 잡으며 혼내기 일쑤였고. 나는 항상 울며 잘못한 것도 없는데 잘못했다고 빌었고, 넌 눈물을 애써 참으며 잘못했다는 말은 죽어도 안 하겠다는 자세를 취했지. 그러면 아버지는 약이 올라 너에게 더 다그치곤 했어. 넌 아버지한테 맞더라도 자신이 잘못한 게 없으면 절대 잘못했다고 말하지 않는 아이였어. 그렇게 우리는 아버지가 세상에서 가장 무섭고 가장 미운 사람으로 생각하게 됐어.

그렇게 세월은 많이 흘렀고, 아버지는 이제 황혼의 끝자락에 접어들었지. 아버지는 다시 자상한 사람으로 다시 돌아왔지만, 우리가 어린 시절 받은 상처는 크게 자리 잡아서 도저히 잊히지 않더라. 며칠 전 너와 만나 커피를 마시며 아버지 이야기를 하면서 너와 나는 아버지에 대해 같은 감정을 품고 있다는 걸 알았어. 바로 '애증'이라는 감정이지. 애증은 어떤 대상에 대하여 사랑과 증오를 함께 느끼는 마음 상태인데, 우리가 아버지에 대한 감정이 딱 '애증'이라는 한 단어로 표현이 되더라고.

다시 과거로 넘어가서 몇 년 전 아버지가 위 십이지장 궤양이 심해져 과다 출혈로 쓰러진 적이 있었잖아. 난 우리가 아버지를 미워하고 있다는 건 알았지만, 그만큼 그를 사랑하고 있다는 걸 그제야 알았어. 아버지가 돌아가시면 어쩌나 싶어 밤에도 잠이 오지 않았고, 회복하는 며칠간 아무 일도 손에 잡히지 않더라. 넌 그런 얘기도 했었지. 아버지가 돌아가시면 아버지의 성격을 많이 닮아 항상 부딪혔던 자신이 가장 많이 울 것 같다고. 아버지는 회복이 되어 지금은 건강하지만, 그때만 생각하면 아찔하고도 그리워지는 게 아버지였어.

언젠가부터 문득 그런 생각이 들 때가 있더라. '만약 부모님이 돌아가시면 나는 어떨까?' 하고 말이야. 아직 일어나지 않은 일을 상상하는 건 괜한 고통이지만, 그 상상이 너무 현실 같아서 가슴이 조여와. 우리가 자라오며 겪었던 많은 일들, 특히 아버지와의 기억이 그렇듯이, 상처도 있었지만, 그 연속된 세월 속에서 분명히 사랑도 있었잖아. 그 사랑이 시간 속에서 점점 선명해질수록, 언젠가 그 사랑을 다시는 마주할 수 없게 되는 순간이 올지도 모른다는 사실이 견딜 수 없게 느껴지더라.

엄마가 무릎을 다쳐 한동안 거동이 불편했을 때도 우리 둘 다 마음속 어딘가가 무너졌던 거 기억나지? 특히 너는 늘 단단한 척하면서도 엄마의 약 봉투를 꼭 쥐고 병원에서 나오던 날, 한참 동안 말이 없었잖아. 나는 그런 너를 보면서, 우리 안에 있는 그 두려움이 얼마나 큰지를 느꼈어. 평소엔 그저 짐짓 무심한 듯 지내면서도, 막상 부모님이 아프기라도 하면 마음이 허전해지는 건, 아마 우리가 그만큼 깊이 사랑하고 있다는 증거일 거야.

사실 생각해 보면, 우리는 여전히 부모님 곁에 있는 어린아이 같아. 겉으론 어른이 다 되었지만, 엄마의 부엌 불빛이나 아버지의 신문 넘기는 소리 하나하나가 우리를 여전히 안심시키고 있으니까. 그런데 언젠가는 그 소리가 사라질 수도 있다는 걸 인정해야 하는 게, 어른이 된다는 것 같아. 그게 너무 슬퍼. 그래서 가끔은 부모님을 보며 눈물이 날 것 같기도 해. 이유도 없이 괜히 안아 드리고 싶고, 괜히 어릴 때 못해 드린 말들이 떠오르기도 하고.

하지만 말이야, 나는 그런 생각이 들 때마다 마음속으로 이렇게 되뇌어.

"그래서 지금 더 많이 사랑해야지. 지금 더 많이 표현해야지."

우리가 두려움을 줄일 수 있는 유일한 방법은, 지금을 충실히 사는 것뿐이더라. 엄마 아빠가 아직 우리 곁에 계실 때, 그 사랑을 마음껏 드러내고, 함께 웃고, 이야기하고, 추억을 더 많이 만들어 놓는 것. 그러면 나중에 이별이 오더라도, 후회는 조금 덜 하지 않을까 싶어.

그 이별이 지금 당장은 상상하기도 싫은 아픔이지만, 결국 삶의 일부라는 것도 알아. 우리도 언젠가 누군가의 부모가 될 테고, 그들도 또 이런 마음을 겪겠지. 그렇게 사랑은 끊이지 않고 이어지는 거겠지.

그러니까 동생아, 오늘 하루가 평범하게 흘러간다면 그것만으로도 감사하자. 엄마가 밥을 해 주시고, 아버지가 리모컨을 들고 뉴스 보며 중얼거리는 그 일상이 얼마나 귀한 것인지, 우리는 너무나 잘 알고 있으니까. 언젠가 올 이별이 두렵다면, 오늘을 더욱 사랑하면 되는 거야.

우리, 그렇게 살자.

◆ 부모님께 자주 전화해야겠다고 또다시 다짐하는 언니가

슬플 때 울 수 있는 용기

눈물을 참을 수 없을 때

"울지 마, 뚝!"

유소년기에 내가 가장 많이 들었던 말인 것 같아. 너와 싸울 때도, 옆에 누군가가 울고 있을 때도 언니는 자주 울곤 했지. 자주 울지 않는 너와는 너무 달라서 엄마가 '같은 뱃속에서 나왔는데 이렇게나 다르다.'라는 말을 했었어. 커가면서 언니는 점점 울지 않는 사람이 되었어. 지금도 감정에 북받쳐서 울 때도 있지만 어릴 적에 비해 많이 줄었지. 다른 사람이 울고 있으면 나는 그것만 보고도 따라 울던 아이였으니까.

어른이 된다는 건 감정을 드러내는 일에 제동이 걸리기 시작하는 순간부터일지도 몰라.

회사에서 울면 "프로답지 못하다"라는 소리를 듣고, 집에서 울면 "감정 조절도 못 하냐?"라는 구박을 듣지. 사회는 어른들에게 점점 더 단단하고 무표정한 얼굴을 요구해. 감정의 파도는 조용히 삼켜야 하고, 슬픔은 아무도 모르게 처리해야 하는 일처럼 여겨져. 그러다 보니 어른이 된다는 건 '울지 않는 법'을 배우는 과정 같아.

하지만 울지 않는다고 해서 마음이 강해지는 건 아니야.

사실은 그 반대일지도 몰라. 울고 싶을 만큼 힘들었는데도 그걸 억누르기만 하다 보면, 마음 안에 감정이 고여버려. 가끔은 별일 아닌 상황에서도 눈물이 터지는 건, 참아온 시간이 너무 길었다는 신호일 수 있어. 예전에 언니가 아르바이트를 하던 시절, 손님한테 억울한 말을 듣고도 아무렇지 않은 척 일했었거든. 그런데 퇴근길에 버스 창밖을 보다가 갑자기 눈물이 터졌어. 그건 단지 그날 일이 슬퍼서가 아니라, 그동안 쌓여왔던 감정들이 흘러나온 거였지.

마음껏 울 수 있다는 건, 오히려 내 감정을 있는 그대로 받아들일 수 있는 용기야.

우리는 종종 울음을 나약함의 표시로 오해해. 하지만 울 수 있는 사람은 자기 마음을 잘 들여다볼 줄 아는 사람이야. 겁내지 않고 감정을 마주하고, 그 감정을 표현할 수 있다는 건 용기 있는 일이야. 한 번은 언니의 친구가 부모님 이혼 이야기를 꺼내다가 눈물을 보인 적이 있어. 주변 사람들은 놀라기보다는 오히려 더 가까워졌다고 느꼈대. 왜냐하면, 그 눈물이 진심이었고, 솔직함이었기 때문이야.

울음은 때로는 치유의 첫걸음이 되기도 해. 심리학에서도 얘기하잖아. 울음은 뇌에 쌓인 스트레스를 줄이고, 안정감을 주는 효과가 있다고. 그래서 어떤 심리 상담사들은 상담 중에 환자가 눈물을 보이면 그걸 억제하지 않게 도와줘. 울고 나서 훨씬 나아졌다고 말하는 사람들이 정말 많아. 언니도 가끔은 의식적으로 울어. 너무 버겁고 마음이 복잡할 때는 혼자 조용한 곳에 가서 눈을 감고 천천히 울어. 그 순간은 슬프지만, 다 울고 나면 오히려 마음에 여유가 생기더라.

무조건 울어야 한다는 말이 아니야. 하지만 울어야 할 때 참지만 말았으면 해.

세상이 요구하는 모습 때문에, 혹은 '이 정도로 내가 왜 울지?' 하는 죄책감 때문에 울음을 꾹 참는 경우가 많잖아. 하지만 그 '이 정도'라는 건 남들이 판단할 수 있는 게 아니야. 너의 슬픔은 너만이 가장 잘 아는 거고, 그 감정을 존중해줘야 해. 누군가에게는 아무렇지 않은 일도, 너에게는 온종일 가슴이 먹먹할 수 있어.

그럴 땐 그냥 한 번 울어보는 것도 괜찮아.

눈물은 부끄러운 게 아니라, 우리 안에 있는 연약함과 따뜻함을 증명하는 방식이야.

우리가 사랑하는 것도, 상처받는 것도, 다 마음이 있기 때문이잖아. 그런 마음이 있는 사람이 우는 건 너무나 자연스러운 일이야. 눈물을 통해 누군가와 더 가까워질 수도 있고, 자신을 더 이해하게 될 수도 있어. 언젠가 너도 누군가 앞에서 눈물 흘릴 일이 있을 거야. 그 순간이 왔을 때 자신을 부끄러워하지 않았으면 좋겠어.

울지 않아야 강한 게 아니야. 울어도 괜찮다는 걸 아는 게 진짜 어른이 되는 길이야.

우리, 너무 오래 참지만 말고 가끔은 솔직하게 울자. 울 수 있는 마음을 가진 어른으로 살아가자. 그러면 역설적이게도 더 따뜻하고 '어른스러운' 어른이 될 거야.

◆ 오늘도 과거의 기억으로 괴로워 엉엉 우는 언니가

나쁜 감정은 절대 나쁜 게 아니야

나쁜 감정에 괴로울 때

   언제나 다정하고 친절한 사람이 있어. 그 사람은 남편과도 한 번도 싸운 적이 없지. 하지만 그녀는 한 번도 싸우지 않은 그 남편과 이혼했어. 서로의 나쁜 감정들을 숨기기만 했던 거야. 언니의 이야기야. 한가지 이야기를 더 해 줄게. 언니에겐 사회에서 만난 친구 J가 있었어. 그 친구와는 사회에서 만났지만 서로 많이 가까워졌지. 하지만 어느 날 나에게 말했어. 어느 정도 친해지고 나서는 우리의 틈새가 좁혀지질 않는다고. 그 이유를 둘이 함께 곰곰이 생각해 보다가 내린 결론은 우리는 나쁜 감정, 그러니까 자신이 힘들어하는 이야기는 하지 않았다는 거야. 항상 재미있는 이야기, 행복한 이야기만 하다 보니 사이가 더 친해지지 않았던 거지. 그러다 우리는 서서히 멀어졌어. 이제는 일 년에 한 번씩 생일 때마다 안부를 묻는 어색한 사이가 되었어.

분노나 미움, 원망 같은 나쁜 감정들은 애써 모른 척하고 좋은 감정만 다른 사람과 공유하고자 했던 노력이 헤어짐을 초래했던 거야. 나쁜 감정을 느끼면, 그리고 그걸 다른 사람과 함께 나누면 안 된다는 강박 때문이었지. 그런 나쁜 감정을 가지면, 나 자신이 나쁜 사람처럼 느껴져서 힘들었어.

언니가 '나쁜 감정'이라고 말한 그 감정들은 과연 진짜 '나쁜 감정'일까? 세상에 나쁜 감정이란 없어. 모두 정상이야. 이혼하고, 친구와 멀어진 이유는 바로 부정적인 감정들을 '나쁜 감정', 없어져야 할, 그리고 표현해내지 말아야 할 감정이라고 생각했기 때문이야.

사람들은 보통 화를 내면 안 된다고 생각해. 특히 다른 사람 앞에서는 말이야. 하지만 화를 억압하면 화병으로 번져 자신을 스스로 갉아먹거나 엉뚱한 상황에서 갑자기 폭발을 일으킬 수가 있어. 하지만 내가 화가 났다는 사실을 인정하면 무엇이 문제인지 골똘히 생각하는 과정을 거치게 되고 그것을 적절히 푸는 방법을 연구하면서 끝내는 깨우치게 돼. 만일 부당한 일로 화가 났고 정말 그 일이 부당한 것이 맞았다면 그에 대해 적절히 대응해 더 상처받지 않도록 나를 보호하거나 상대에게 내가 화가 났음을 알려 상대방이 나에게 조심할 수 있도록 할 수 있어.

그래서 나쁜 감정을 느낀다고 해서 나 자신을 나쁘게 볼 필요는 없어. 만약 네가 나쁜 감정이 올라와 힘들다면 이 방법을 한번 써볼래?

먼저 감정을 있는 그대로 인정해 보는 거야. "지금 나는 화가 났어" "나, 이 말 듣고 상처받았어"라고 자신에게 말해보는 거야. 감정에 이름을 붙이는 것만으로도 마음이 조금 가라앉아. 그건 단순한 화풀이가 아니라, 내 마음을 있는 그대로 바라보는 연습이야. 부정하지 않고 감정을 있는 그대로 바라보는 게 부정적인 감정을 지혜롭게 다루는 방법의 시작이야. 억지로 착한 사람이 되려 하기보다, 지금의 나를 있는 그대로 받아들이는 게 중요해.

그 감정을 제대로 직시했다면, 감정 뒤에 숨은 진짜 이유를 들여다보는 거야. 화가 난 이유가 뭔지 조금만 더 깊이 들여다보면, 외로움이나 서운함, 그리고 억울함이 숨어 있을 때가 많아. "무시당한 기분이 들어서 서러웠구나" 같은 식으로 말이지. 감정의 표면만 보지 말고, 그 아래의 마음을 알아 차려보자. 내가 그 사람에게 기대한 바가 있어서 서운했는지, 내 마음을 알아주길 바랐지만 그렇게 되지 않아 답답했는지 말이야. 화가 난 이유를 명확하게 정의해 보는 거야. 그렇게 하면 상대방에게도 더 명확하게 내 마음을 전달할 수 있어.

내 감정의 원인을 아무리 생각해도 모르겠다면, 혼자 끙끙 앓지 말고, 믿을 수 있는 사람에게 말해보는 것도 좋아. "나 요즘 왜 이렇게 짜증이 많을까?" 하고 해결책 없이 그냥 고민하는 말을 하는 그것만으로도 내게는 위로가 될 수 있어. 좋은 감정만 보여줘야 한다는 부담에서 벗어나야 해. 서로의 감정을 나누다 보면 오히려 관계는 더 친밀해질 수 있어. 나의 힘듦을 누군가 들어준다는 것만으로도 숨통이 트일 거야. 언니가 이걸 하지 못해 친구를 떠나보냈다는 걸 잊지 말고, 넌 꼭 실천해 보길 바라.

친구를 만날 수 없거나, 당장에 마음이 복잡할 땐, 글로 써보는 것도 방법이야. 노트에 아무렇게나 끄적이거나, 혼잣말이라도 소리 내어 말해보는 거지. 그 과정에서 감정의 실체가 뚜렷해지고, 해결의 실마리가 보이기도 해. 감정은 밖으로 나올 때 비로소 정리돼. 마음속에만 담아두면 더 엉켜버려.

글로 써보는 것도 좋은 방법이지만 산책하거나, 청소하거나, 가벼운 운동을 해 보는 것도 좋아. 언니 개인적으로는 이 방법이 더 좋은 것 같았어. 몸을 쓰면 생각이 잠시 멈추고, 그 사이에 마음이 가라앉을 수 있게 되더라고. 특히 분노나 짜증 같은 감정은 에너지라서 몸을 움직이며 배출해 줘야 해. 꼭 대단한 운동이 아니어도 괜찮아. 숨을 크게 들이쉬는 것만으로도 달라져. 움직임은 곧 흐름이고, 흐름은 멈춰 있던 감정을 풀어주는 열쇠야.

부정적인 감정을 느끼지 않고 사는 사람은 없어. 자신에게 너무 감정적인 부분에서 엄격한 잣대를 들이대면 갈수록 자신만 괴로워지는 상황에 놓이게 돼. 그러니 이제는 화가 나면 화를 내고, 억울하면 실컷 억울해하면서, 그렇게 솔직하게 살자. 그게 우리의 건강에도 도움을 줄 테니까. 표현하는 것도 연습이 필요하니까, 우리 시간 날 때마다 연습해 보자. 잘할 수 있지?

◆ 화를 참아서 오늘도 얼굴이 빨개진 언니가

생명의 무게

반려동물을 키우고 싶을 때

언니에게는 세 마리의 반려동물이 있어. 모두 고양이고, 이름은 나미, 빵떡이, 다람쥐. 나미는 삼색 고양이이고 나이는 10살, 빵떡이와 다람쥐는 남매고, 이제 두 살 됐지. 고양이는 보고만 있어도 사랑스러운 동물이야. 우주 속 행성같이 반짝이는 눈동자, 촉촉하고 자그마한 코, 시옷과 닮은 분홍빛 입술. 사랑하지 않을 수 없는 외모를 가졌지. 그리고 '젤리'라고 불리는 발바닥은 고양이를 좋아하는 사람들을 미치게 해.

요즘 SNS를 보면 반려동물을 키우거나, 키우고 싶어하는 사람들이 정말 많다는 걸 느껴. 귀여운 고양이 영상, 댕댕이 사진, '나만 없어, 고양이', '랜선 집사' 같은 유행어까지. 사람들은 반려동물을 통해 위로받고, 웃고, 행복해하지.

하지만 반려동물을 키우는 건 귀여움만으로 유지되는 일이 아니야. 생각보다 훨씬 더 많은 수고와 책임이 필요해. 우선, 동물을 키운다는 건 일상의 많은 부분을 바꾸는 일이야. 고양이만 해도 하루 두 번 이상 밥을 주고, 화장실을 치워줘야 해. 가끔은 밥을 거부하거나 구토를 하기도 해. 반려동물이 말할 수 없다는 건, 집사가 늘 그들의 상태를 예민하게 살펴야 한다는 뜻이기도 해. 눈빛, 행동, 식욕의 변화 같은 작은 단서들을 읽어야 하거든.

그리고 생각보다 자주 병원에 가게 돼. 어릴 때는 예방접종, 중성화 수술 같은 기본적인 의료 케어가 필요하고, 나이가 들수록 관절, 신장, 치아 등 신경 써야 할 건강 문제가 많아져. 약을 억지로 먹이는 것도 스트레스고, 병원비도 꽤 부담되지. 며칠 입원하면 백만 원은 우습게 들어. 반려동물 보험이 생기긴 했지만, 여전히 큰 비용이 드는 건 사실이야.

반려동물을 키우는 데 있어 가장 현실적인 불편함 중 하나는 털 빠짐이야.
고양이는 사계절 내내 털갈이를 해서, 옷이며 이불이며 바닥까지 털이 안 묻은 곳이 없어. (털 많이 빠지는 건 강아지나 토끼도 마찬가지야) 아무리 매일 청소기를 돌려도 틈새 틈새에 고양이 털이 숨어 있고, 까만 옷을 입는 건 거의 포기하게 되지. 특히 알레르기가 있는 사람에게는 더 큰 문제일 수 있어. 그 털 한 올까지도 사랑스러워지는 게 집사의 운명이긴 하지만.

또, 집을 오래 비울 수 없어. 여행을 가고 싶을 때도 제일 먼저 생각해야 하는 건 고양이들이야. 누가 밥을 챙겨줄 수 있을까, 화장실은 깨끗할까, 낯선 사람 때문에 스트레스를 받지는 않을까. 혼자 외롭게 있진 않을까. 이런 생각에 쉽게 떠날 수가 없어. 언니는 1박 2일 여행도 가기 전에 철저하게 준비하고 가. 이게 반복되다 보면, 자유가 줄어들었다는 느낌이 들기도 해.

또 하나 중요한 건, 감정적인 소모야. 반려동물도 기분이 있고, 성격이 있어. 어떤 날은 잘 안기던 아이가 이유 없이 피하고, 갑자기 다른 고양이에게 공격성을 보일 때도 있어. 그럴 땐 속상하고 답답하지. 사람처럼 대화로 풀 수 없으니 더 애가 타고, 나만 몰랐던 이유가 있었던 건 아닐까 자책하기도 해. 사랑하는 만큼 감정의 기복도 커질 수밖에 없더라.

무엇보다 반려동물을 입양한다는 건, 그 생명이 끝날 때까지 책임져야 한다는 뜻이야. 고양이의 평균 수명은 15년 전후지만, 더 오래 사는 아이도 있어. 그 오랜 시간 동안 내 상황이 변해도, 이 아이의 삶은 내가 책임져야 해. 결혼하거나, 직장을 옮기거나, 갑작스러운 병이나 사고가 생겨도 마찬가지야. 함께하는 시간이 길수록 이별의 순간은 더 고통스럽기도 해. 언니는 언젠가 나미와의 이별을 생각하면 벌써 마음이 아파. 하지만 그런데도, 언니는 반려동물과 함께하는 시간이 참 좋아. 그들은 말하지 않아도 온기를 전해주고, 아무 조건 없이 곁에 있어 줘. 아무리 힘든 날도 고양이들이 다가와 옆에 누우면 마음이 말랑해져. 너무 귀엽고 예뻐서 하루에도 열 번은 "사랑해"라는 말을 하게 돼.

반려동물은 우리 삶에 큰 위로이자 기쁨이야.

그러니까 말이야, 반려동물을 키우고 싶다면 그 귀여움을 마음껏 누려도 좋아. 하지만 단점들도 함께 감수할 준비가 되어 있어야 해. 귀여움만 보고 입양을 결정하면, 나중에 감당하지 못해 아이가 상처를 받을 수도 있어. 그래서 언니는 늘 이렇게 말해. "키울 자신이 없으면, 사랑만 하고 말아도 돼." 랜선 집사로서 그들의 귀여움을 감상하고, 봉사활동이나 후원으로 마음을 전하는 것도 방법이야.

반려동물을 키우는 일은 절대 가볍지 않아. 그건 하나의 생명을 돌보는 일이고, 하루하루 쌓아가는 삶의 약속이기도 해. 그래도 정말 키우고 싶다면, 충분히 공부하고 고민해 보고, 오래도록 함께할 준비가 되었을 때 맞이해줘. 그렇게 시작한 인연은 네 삶을 분명 더 따뜻하게 만들어줄 거야. 그리고 언니처럼, 너도 언젠가 누군가에게 반려동물 이야기로 긴 편지를 쓰게 될지도 몰라. 그것이 얼마나 행복한 일인지, 감사한 일인지 느끼는 오늘이구나. 이 편지를 쓸 수 있게 해 준 너에게 감사해.

♦ 오늘도 고양이 똥 치우는 언니 집사가

네가 너무 소중해서

5장

정신건강과 번아웃

감정에 좌지우지되는 건 정상이다

♦

감정 기복에 괴로울 때

언니는 양극성 장애라는 병을 앓고 있어. 흔히 조울증이라고 하지. 대학병원에서 일 년째 약을 먹고 있는데, 약을 먹지 않으면 하루에도 기분이 왔다 갔다 해. 이 병은 조증과 울증이 반복되어 나타나는데, 조증일 때는 기계처럼 많은 일을 처리하고 자신만만 해지지. 돈도 백만 원 정도는 자신 있게 써. 언제든 또 모을 수 있다는 자신감이 충만하기 때문이지. 이렇게 기분의 고양 상태가 비정상적으로 높아서 나조차도 감당할 수 없는 상태가 돼. 밤새도록 일을 한다든지, 너무 자신감에 넘쳐서 감당하지 못할 시험 준비를 시작한다든지. 그러고 나서 얼마 안 가 울증 상태가 되는데 그럴 때는 24시간 내내 이불에서 나오지 않아. 생각이 꼬리에 꼬리를 물고 달려 나와서 계속 울어. 장롱 안이나 책상 밑에 처박혀서 나오지 않기도 해.

조울증이란 병은 이래. 그래도 언니는 심한 편은 아니라더라. 언니의 극단적인 기분 변화는 병이지만, 감정이 요동치는 건 누구에게나 있을 수 있는 일이야. 언니가 내 병을 고백하는 이유는, 감정에 쉽게 흔들리는 자신을 두고 혹시 병이 아닐지 걱정하는 사람들이 많기 때문이야. 의료진이 실제로 병으로 진단하는 경우는 아주 드물어. 대부분은 건강한 범주 안에서 기분의 파도를 타고 있는 거야.

사실 감정에 흔들리고, 그래서 실수하는 건 아주 자연스러운 일이야. 이성적으로 옳은 선택임을 알면서도 감정 때문에 행동하지 못할 때가 많지. 누군가에게 미안하다고 말해야 하는 걸 알면서도 자존심 때문에 망설이고, 해야 할 일을 알면서도 불안과 두려움 따라서 계속 미루게 되는 것처럼. 이런 모습은 인간적이지 않은 걸까? 절대 아니야. 오히려 너무나 인간적인 거지.

그리고 누구나 기분이 오르락내리락할 수 있어. 때로는 사소한 말 한마디에 온종일 우울하기도 하고, 아무 이유 없이 눈물이 나기도 해. 그런 날이 며칠씩 반복된다고 해서 내가 이상한 사람이라고 생각하지 마. 감정이 있다는 건, 그만큼 아직 마음이 살아 있고, 세상과 연결되어 있다는 증거야.

우리는 종종 감정은 조용하고 예의 바른 상태여야 한다고 배워. 평온하고 안정적인 감정만이 '정상'이라는 식으로. 하지만 감정이라는 건 원래 일정하지 않아. 기분이 오르고 가라앉고, 화가 났다가 풀리고, 외로웠다가 안도하는 건 너무나 당연한 일이지. 감정에 영향을 받아 내가 예상치 못한 행동을 하게 된다고 해도, 그걸 무조건 통제하지 못했다고 자책할 필요는 없어.

인간은 감정의 동물이야. 감정은 이성과 다르게 말을 잘 듣지 않아. 그렇다고 감정을 억지로 눌러두면 언젠가는 더 큰 파도로 돌아오게 돼. 중요한 건 감정을 없애는 게 아니라, 감정을 이해하려고 노력하는 거야. 지금 내가 왜 이런 기분이 드는지, 왜 이렇게 예민한지, 자신에게 조심스레 물어보는 거지. 감정은 통제의 대상이 아니라, 돌봄의 대상이야.

감정은 우리 삶에서 그림과도 같아. 차분한 색, 짙은 색, 밝은 색들이 섞여야 하나의 그림이 완성되듯, 다양한 감정들이 뒤섞여야 비로소 삶이 깊어져. 그러니 어떤 감정이든 두려워하지 말고 받아들여 봐. 분노든 슬픔이든 기쁨이든, 모두가 우리라는 존재를 더욱 입체적으로 만들어주는 선물 같은 것이니까.

그러니까 감정에 흔들린다고 해서, 그게 잘못된 것도 아니고 고쳐야 할 결함도 아니야.

그건 우리가 사람이라는 명백한 증거야.

감정에 휘둘리더라도 괜찮아. 중요한 건 그 감정을 인정하고, 나답게 걸어가는 거야.

감정과 함께 사는 법을 배워가는 것, 그게 어른이 되어가는 과정 아닐까?

◆ 내 감정을 잘 들여다보기 위해 작심삼일이지만, 일기를 쓰기로 다짐한 언니가

이별 담담히 받아들이기

이별이 두려울 때

언니가 낸 첫 책을 기억하니 『이별이 두려운 너에게 하고 싶은 말』이라는 책인데, 하루에도 몇 번씩 이별하며 사는 우리의 이야기를 쓴 책이야. 그 책에서 하는 말처럼 삶에서 이별을 빼면 뭐가 남을까. 갈아가며 매일 이별하고 매일 새로 만나는 일상을 반복하는 우리가 무엇과도 이별하지 않기 위해서 할 수 있는 일은 아무것도 없지. 그것을 겸허히 받아들이고 덜 허탈해하고 덜 슬퍼하는 일밖에는.

우리는 지금, 이 순간에도 무언가와 계속 헤어지며 살고 있지만, 이별에 익숙해지지 않아. 항상 슬프고 항상 아쉽지. 하지만 이별이 나쁜 것만은 아니야. 젊은 시절과 헤어지며 과거의 소중함을 느끼고, 동시에 과거에 얽매이지 말아야 한다는 교훈까지 배우게 돼. 혹여나 엄청 슬픈 이별이 밀려와서 우리를 쓸어버리려 하더라도 곧 맑은 날이 다시 오리라는 것을 알기에 그 자리에서 꿋꿋이 버텨야 한다는 사실도.

살아가면서 더 슬픈 이별들이 많이 기다리고 있겠지만 언니가 가장 최근에 한 이별은 이혼이었어. 오랜 세월 함께 살아온 사람과의 이별은 큰 상처를 남겼지. 이혼이라는 큰 이별을 겪고 나서야 조금은 알 것 같았어. 이별은 어느 날 갑자기 덮쳐오는 폭풍이라고 생각할 수 있겠지만, 사실은 오래전부터 서서히 우리 곁을 떠나고 있었는지도 모른다는 걸. 매일 똑같이 보던 얼굴이 어느 날 낯설게 느껴질 때, 같은 공간에 있으면서도 서로의 마음이 닿지 않을 때, 이미 우리는 조금씩 이별하고 있었던 거야. 다만 그 사실을 애써 외면하며 살았을 뿐이지.

누군가는 말하더라. "익숙해진다는 건 이별의 시작이기도 하다"고. 너무 편안해지면 소중함을 잊게 되고, 소중함을 잊으면 관계는 서서히 무너진다고. 그러니까 이별은 꼭 누군가의 잘못이거나 누가 더 나빴기 때문에 생기는 결과가 아닐 수도 있어. 그저 자연스럽게, 순리대로, 그렇게 흘러간 것일 수도 있는 거지.

이별을 겪을 때마다 우리는 뭔가를 잃었다는 감정에 잠식돼. '왜 나만 이런 아픔을 겪어야 하지?', '내가 뭘 그렇게 잘못했길래…' 같은 생각이 꼬리를 물고 이어지지. 하지만 이별은 삶이 우리에게 들이대는 아주 자연스러운 질문 같아. '너는 지금 이 순간을 얼마나 진심으로 살고 있니?', '소중한 것을 잃어본 만큼, 지금 가진 것들을 더 아끼며 살 수 있겠니?'라고.

물론 이별을 담담히 받아들이는 일은 쉽지 않아. 마음이 휘청일 때는 모든 말이 공허하게 들리고, 어떤 위로도 구멍이 난 마음을 꿰매지 못할 때가 있으니까. 그래도 우리는 조금씩 배워야 해. 누군가를 잃은 자리가 영원한 공허로 남지 않도록, 그 자리에 새로움이 들어올 수 있도록.

언니가 이혼이라는 이별을 겪으면서 가장 많이 했던 생각은, '이제는 끝났다'가 아니었어. 오히려 '이제부터 다시 시작이다'였지. 나의 어떤 부분은 분명 그 사람과 함께였기에 자라날 수 있었고, 또 그 사람과의 이별 덕분에 내가 몰랐던 나의 단단함을 발견할 수 있었으니까.

우리가 이별을 담담히 받아들여야 하는 이유는, 그것이 결코 예외적인 사건이 아니기 때문이야. 첫 이별이든, 백 번째 이별이든, 그것은 늘 우리 삶의 일부야. 누군가를 떠나보내고, 어떤 시절을 지나오고, 지금의 나와도 이별하는 그 모든 과정이 모여 결국 '살아간다'라는 것이 되는 거야.

그러니 다음 이별이 온다고 해도 너무 두려워하지 말자. 지금의 이 슬픔도 한 장의 지나간 계절처럼 아련한 풍경이 되어줄 테니까. 우리가 해야 할 일은 그저, 너무 울지 말고, 너무 미워하지 말고, 너무 붙잡지 않으며 그 순간을 조용히 통과하는 것.

그게 바로, 이별을 담담히 받아들이는 자세 아닐까.

◆ 아직도 이별에 적응이 안 되는 언니가

내 인생에 집중하고 싶다면, 타인을 놓아라

◆

삶의 중심이 흔들릴 때

예전에 직장에서 있었던 일이야. 아는 후배에게 인사를 했는데, 그 친구가 그냥 무심히 지나쳤거든. 순간 마음이 덜컥 내려앉더라. 혹시 내가 뭘 잘못했나? 괜히 기분 상하게 했나? 온종일 머릿속이 그 생각으로 가득 찼어. 일도 손에 안 잡히고, 말수도 줄었지. 언니는 결심했지. 그 후배에게 왜 나를 모른 척하고 지나쳤는지. 그런데 그 친구는 그냥 너무 바빴던 거였어. 나를 못 본 거지. 언니는 그날 밤 침대에서 이불 킥을 했어. 관심 끌걸. 그 일을 계기로 문득 깨달았어.

'나는 얼마나 많은 에너지와 감정을, 정작 내가 어찌할 수 없는 일에 쓰고 있었던 걸까?'

동생아, 언니가 요즘 자주 되새기는 말이 있어.

"내 인생을 잘 살고 싶다면, 타인의 인생을 내려놓아야 해."

이건 단순히 체념이나 포기가 아니야. 아주 구체적이고도 실용적인 삶의 태도야. 우리가 겪는 수많은 스트레스, 감정 기복, 불안과 초조의 상당수가 사실은 타인에 관한 생각에서 비롯되거든. '저 사람은 왜 나한테 저렇게 말했을까?', '왜 그런 반응을 보였지?', '내가 뭘 그렇게 잘못했나?' 하고 머릿속에서 끝도 없이 반추하다 보면, 정작 내가 내 삶을 위해 써야 할 에너지는 점점 고갈되기 시작해.

사람은 누구나 자신만의 감정, 판단, 선택으로 살아.

그걸 바꾸는 건 불가능에 가까워. 우리는 흔히 '내가 조금 더 이해해 주면, 상대도 변하지 않을까?', '내가 맞춰주면 다툼 없이 평온하겠지' 하고 기대하지. 물론 그런 노력이 꼭 헛되진 않아. 때로는 우리의 진심이 닿을 때도 있지. 하지만 그건 어디까지나 '가능성'일 뿐, '보장'은 아니야. 그리고 대부분의 고통은 그 '보장되지 않은 변화'를 기대하는 데서 생기지.

그래서 언니는 말하고 싶어. 타인의 감정과 행동을 내가 다 떠안으려는 생각을 멈추라고.

우리가 어찌할 수 없는 영역까지 끌어안고 고민할수록, 내 삶은 자꾸만 무너져. 내가 집중해야 할 일들, 나를 살게 해 주는 시간, 내 안의 에너지가 전부 바깥으로만 향하니까. 그렇게 살다 보면 어느 순간, '이게 내 인생이 맞긴 한 걸까?' 하는 회의감이 몰려오기도 해. 내 삶인데, 내 중심이 없다는 느낌.

동생아, 우리는 모두 타인과 관계를 맺고 살아가. 혼자서는 살아갈 수 없지. 하지만 그 말은 곧, 타인을 온전히 책임져야 한다는 뜻은 아니야. 상대의 기분, 표정, 말투 하나하나에 일희일비하다 보면, 내 감정의 주도권을 다른 사람 손에 쥐여주는 셈이 돼. 자존감은 점점 약해지고, 불안은 더 커지지. 그럴 때는 이런 질문들을 자신에게 던져보자.

"이건 정말 내가 해결할 수 있는 문제일까?"
"이 사람의 감정에 내가 끌려갈 필요가 있을까?"
"내가 지금 걱정하는 건 실제로 내 삶을 바꾸는 중요한 일인가?"

아마 대부분 대답은 '아니'일 거야. 그런데도 우리는 자꾸 누군가를 바꾸려 하고, 이해시키려 하지. 하지만 그 시도는 생각보다 많은 걸 우리에게서 앗아가. 마음이 소모되고, 기운이 빠지고, 결국엔 자꾸 실망하게 돼. 그럴 바엔 차라리, 그냥 내려놓는 게 나아. '그건 그 사람의 몫이야'라고 인정하는 것.

그렇게 경계를 지키면, 비로소 내 안에 여유가 생겨. 내가 좋아하는 것에 집중할 수 있는 시간, 나를 돌볼 수 있는 에너지가 되살아나지. 혹시 처음엔 허전하게 느껴질 수도 있어.

'이렇게까지 신경 안 써도 되나?' 싶은 생각이 들고, 내가 너무 냉정한 건 아닐까 불안해질지도 몰라. 하지만 곧 알게 될 거야. 그건 무관심이 아니라 '건강한 거리 두기'였다는 걸. 타인을 내려놓는다는 건 그들을 포기하거나 무시하는 게 아니야. 그저, '거기까지가 내 책임이 아니다'라는 선을 긋는 것뿐이야. 그 선이 분명할수록, 너는 더 자유로워질 거야.

누가 뭐라 해도 흔들리지 않고, 눈치에 휘둘리지 않으며, 중심을 단단히 지키는 삶.

그 중심은 절대 타인의 감정이나 말 속에 있지 않아. 언제나 너 자신의 선택과 태도 안에 있어야 해. 그러니 이제는 이런 방향으로 살아보자. 타인의 반응보다 내 선택을 우선하고, 그들의 감정보다 나의 감정을 먼저 살피며, 그 누구보다 나를 아껴주는 삶. 그게 결국, 나를 지키는 가장 현명한 방식이니까. 그리고 언니는 그런 삶을 너도 살아가길 진심으로 바라고 있어.

◆ 여전히 남에게 관심 많은 언니가

고요한 일상에 감사하는 마음

같은 일상이 지루하게 느껴질 때

동생아, 요즘은 어때? 하루하루 똑같은 일상이 지겹고 답답하게 느껴질 때가 있지? 근데 언니는 요즘, 그 지겹다고 느꼈던 일상이 사실은 얼마나 고마운 건지, 매일 깨달으며 살고 있어. 그리고 너에게 꼭 이 이야기를 들려주고 싶었어.

얼마 전 우리 지역에 큰 산불이 났었잖아. 언니는 그 일이 벌어지기 전까지만 해도 그냥 하루하루 평범하게 남편과 밥을 먹고, 퇴근하고, 고양이 쓰다듬는 그 시간이 너무 심심하게 느껴졌어. 그리고 너희 형부가 정말 재미없는 사람이잖니. 늘 비슷한 말만 하고 늘 비슷하게 돌아가는 삶이 지루하다고 생각했거든. 그런데 산불이 나고, 남편이 공무원이라 밤샘 근무에 투입되기 시작하면서 모든 게 달라졌어. 집은 불안감으로 가득했고, 밤에 혼자 있는 시간이 많아졌고, 그래서 집 안이 텅 빈 것처럼 느껴졌어. 불이 번지진 않을까, 남편은 괜찮을까, 그런 걱정이 종일 머리를 떠나지 않았지. 그때 처음 느꼈어. '당연했던 일상'이 사실은 기적 같은 거였구나 하고. 남편이 다시 집에 돌아왔을 때, 같이 밥을 먹고 (여전히 재미는 없지만) 소소한 얘기를 나누던 그 평범한 시간이 얼마나 소중한 건지 온몸으로 느꼈어. 아무 일 없이 하루를 마무리할 수 있다는 게 얼마나 큰 복인지, 그제야 진심으로 감사하게 되더라.

그런데 이런 감정, 이번이 처음이 아니었어. 언니가 고등학교 다닐 때, 너는 초등학생이었지. 어느 날 갑자기 엄마가 편찮으셔서 병원에 입원했던 기억, 너도 어렴풋이 있지? 그때는 정말 모든 게 뒤집혔어. 학교 끝나고 집에 오면 불 꺼진 부엌과 조용한 거실, 아빠는 엄마 병간호하느라 퇴근 후 바로 병원으로 가고, 집에 엄마는 없어서 저녁밥도 대충 차려 먹어야 했고 말이야. 그전까지는 너도 그리고 나도 엄마가 늘 거기 있어 주는 게 당연하다고 생각했었잖아.

그런데 그게 무너지는 순간, 우리의 세상이 멈춰버렸지. 학교에서 있었던 사소한 얘기를 들어줄 사람도 없고, 감기 기운이 있어도 약 챙겨줄 사람이 없고, 시험 결과가 나와도 아무 반응 없이 그냥 지나가는 하루가 너무 허전하고 쓸쓸했지. 고등학생인 나도 그 시간이 힘들었는데, 넌 오죽했겠니. 그때 우린 같은 걸 느꼈을 거야.

'엄마가 집에 있는 것'이라는 그 사실 하나만으로도 우리가 얼마나 안정감 있는 삶을 살고 있었는지.

엄마가 퇴원하고 다시 집에 돌아왔을 때, 언니는 밥 냄새가 나던 그 저녁 풍경이 얼마나 따뜻하고 고마운지 온몸으로 느꼈어. 아무것도 아닌 것처럼 느껴졌던 날들이 사실은 너무 귀하고 소중했던 거야.

예술가 조지아 오키프는 이렇게 말했어.

"내가 하늘을 바라보고 산다는 게, 누군가에겐 기적일 수 있다는 걸 잊지 않으려 한다."라고. 그리고 사업가 오프라 윈프리는 "감사는 삶을 더 풍요롭게 만든다. 가진 것이 늘어나기 때문이 아니라, 가진 것의 가치를 알게 되기 때문이다."라고 했어. 이 명언을 듣는 순간 언니는 수첩을 꺼낼 수밖에 없었어.

이젠 언니도 잘 알게 된 거야. 우리가 지금 당연하게 누리고 있는 것들이 사실은 누군가에겐 간절한 소원일 수도 있다는걸. 매일 반복되는 학교생활, 평범한 가족 식사, 엄마 아빠와 싸우는 소소한 일들조차도. 또, 우리가 이미 가지고 있는 걸 충분히 느끼고 고마워할 줄 알면 지금 삶 자체가 훨씬 더 풍요로워지고 넉넉해진다는 사실까지도.

감사라는 건, 특별한 사건이 있어야 느낄 수 있는 게 아니야. 오히려 아무 일도 없는 날, 똑같은 하루가 반복되는 날, 그때야말로 진짜 감사할 줄 아는 사람이 되는 연습을 해야 해. 누군가가 나 대신 늦게까지 일해주는 것도, 우리가 따뜻한 집에서 하루를 마무리하는 것도, 다 어떤 이의 수고와 보살핌 덕분이야.

너도 오늘 하루, 별일 없는 하루였다고 생각할지 몰라. 하지만 그 하루 속에서, 고맙다고 느낄 수 있는 장면이 분명 하나쯤은 있었을 거야. 그걸 마음속에 꾹 담아두면, 그게 너를 지탱해 주는 힘이 되어줄 거라고 확신해.

언니는 그렇게 살아가려고 항상 노력하고 있어. 우리 함께 일상에 감사하는 마음을 가져보자. 잘할 수 있겠지?

◆ 오늘도 감사하는 마음을 가지며 하루를 마무리하는 언니가

행복을 쌓아가는 방식

소소한 행복 자주 즐기기

고양이랑 침대에 나란히 누워 뒹굴뒹굴하며 과자를 하나씩 집어 먹는 그 20~30분, 별거 아닌 것 같지만 이상하게 참 평화롭고 따뜻하더라. 사소한 웃음을 짓게 하는 포인트지! 하루가 조금 힘들었더라도, 고양이의 따뜻한 체온이 느껴지고, 단맛이 입안에서 퍼지고, 창밖에서 바람 부는 소리가 들리면 마음속에 이렇게 말이 떠올라.

'그래도 오늘, 괜찮았다.'

예전엔 이런 걸 행복이라고 생각하지 못했어. 커다란 성공, 누가 봐도 멋진 자리, 통장에 찍히는 숫자 같은 게 행복이라고만 여겼거든. 그런데 살다 보니까 알겠더라. 진짜 기쁨은, 아주 작은 순간들 속에 숨어 있다는 걸. 그리고 그런 소소한 행복을 의식적으로 찾아 누리는 사람이야말로 인생을 제대로 즐기는 사람이더라고.

마하트마 간디는 이런 말을 했어.

"행복은 당신이 생각하는 것, 말하는 것, 행동하는 것이 조화를 이룰 때 느껴지는 것이다."

행복은 거창한 무언가가 아니라, 지금 이 순간의 나와 삶이 조용히 어울리는 느낌이야. 너무 크지도, 화려하지도 않지만, 조용히 마음을 채워주는 감정. 그게 바로 소소한 행복이지.

요즘 사람들, 참 바쁘게 살지. 시간은 늘 부족하고, 해야 할 일은 쌓여 있고, 쉬어도 마음은 조급하기만 해. 그러다 보면 '행복'이라는 말이 너무 멀게 느껴지기도 하지. 하지만 사실 행복은 먼 곳에 있는 게 아니야. 지금, 이 순간, 우리 곁에도 얼마든지 있어. 그걸 알아차리고, 가볍게 안아줄 줄 아는 마음이 필요한 것뿐이야.

그럼 어떤 게 '소소한 행복'일까? 언니가 느끼는 순간들을 몇 가지 소개할게.

- ○ 카페에서 따뜻한 우유를 마시며 책장을 넘기는 순간
- ○ 좋아하는 노래를 들으며 천천히 걷는 길
- ○ 맑은 하늘이나 붉게 물든 노을을 바라볼 때
- ○ 고양이의 반짝이는 눈을 바라보다가 괜히 웃음이 나올 때
- ○ 혼자 밥 잘 챙겨 먹고 스스로 '잘했어' 하고 말해줄 때
- ○ 오래된 친구에게 연락이 와서 마음이 말랑해질 때
- ○ 샤워 후 보송한 기분으로 이불 속에 파묻히는 순간
- ○ 무의식적으로 콧노래를 흥얼거릴 때
- ○ 멍하니 창밖을 보며 마음이 잠시 쉬어갈 때

이런 것들, 정말 작지?

하지만 이런 순간들이 하나둘 쌓이다 보면, 마음 안에 아주 단단한 버팀목이 되어줘. 어떤 날은 이 작은 기쁨 하나가 하루를 버티게도 해.

심리학자 윌리엄 제임스는 말했어.

"우리는 삶의 방향을 바꾸는 큰 사건보다, 일상의 작은 선택들로 더 많이 형성된다."

맞는 말이야.

소소한 행복을 자주 누리는 건, 결국 삶을 긍정적인 방향으로 조금씩 옮겨가는 선택이거든. 그렇다면, 어떻게 하면 이런 소소한 행복을 더 자주 느낄 수 있을까?

첫째, 속도를 줄이는 연습을 해봐. 우리가 행복을 놓치는 가장 큰 이유는 너무 바쁘게 살기 때문이야. 눈앞의 기쁨을 알아차릴 여유조차 없으면, 행복은 지나가 버리고 말지. 밥 먹을 때는 휴대전화를 내려놓고, 길을 걸을 때는 이어폰을 빼고, 그냥 눈앞의 장면을 가만히 바라보는 습관을 들여봐. 그 순간순간이 선물처럼 느껴질 거야.

둘째, 감사하는 마음을 자주 떠올려봐. 하루에 한두 가지라도 '오늘 좋았던 일'을 떠올리며 마무리하는 거야. 마음속으로 "아, 이건 참 좋았어." 하고 조용히 말해보는 것만으로도 내가 얼마나 많은 걸 이미 누리고 있었는지를 알게 돼. 작은 감사가 작은 행복을 만들고, 그 작은 행복은 큰 평안함이 되더라.

셋째, 기대치를 조금 낮춰보는 것도 좋아. 기대가 크면 실망도 그만큼 커지니까. 반대로 아무 기대 없이 맞이한 하루는, 작은 일에도 쉽게 미소 짓게 돼. 누군가 특별한 말을 해 주지 않아도, 마음 불편한 일이 없었다는 것만으로도 좋은 하루잖아.

동생아, 언니가 너에게 꼭 해 주고 싶은 말은 이거야. 행복은 특별한 날에만 오는 게 아니야. 눈부신 성취 없이도, 누구의 인정을 받지 않아도, 지금 이 자리에서 충분히 행복할 수 있어. 그걸 느낄 수 있는 사람이 진짜 강한 사람이야. 그러니 하루에 한 번, 너만의 작은 기쁨을 찾아보자. 그게 커피 한 잔이든, 향긋한 비누 냄새든, 고요한 음악이든, 좋아하는 사람의 한마디든 뭐든 좋아. 그 순간을 마음껏 누리면서 자신에게 말해줘.

'이걸로 충분해. 오늘 하루, 잘 살아냈어.'

그게 바로, 행복을 쌓아가는 방식이야. 그리고 그런 삶을 살아가는 사람이 결국에는 자신의 인생을 가장 멋지게 만들어가게 되더라. 언니는 네가 그런 사람이 되길 진심으로 바란다. 화려하지 않아도 괜찮아. 따뜻하고 단단한 사람, 그게 바로 진짜 멋있는 사람이니까.

◆ 오늘도 작은 행복을 찾아 감사하는 언니가

번아웃과 토스트 아웃

힘들 땐 쉬어라

동생아, 언니가 작년엔가 운전하며 너에게 급히 전화한 적이 있었잖아. 운전석에 앉자마자 눈물이 핑 돌았다고 말하면서. 그때 너는 내게 쉬는 것을 추천했지. "언니 너무 많이 지친 것 같아. 좀 쉬는 게 어때?"라고 말이야. 너의 그 말이 딱 맞았던 게 나도 그냥 이유 없이 '너무 지친 느낌'이 들었어. 내가 하는 일이 잘 안 풀려서 그런 건가, 아니면 하루하루가 너무 반복돼서 그런 건가 생각해 봤는데, 결론은 이거였어. 네 말대로 지금 내 멘탈이 탈 나고 있었구나.

사실 겉으로 보면 멀쩡해 보여. 할 일도 하고 있고, 하루도 빠짐없이 살아가고 있고, 누가 보기엔 열심히 사는 것처럼 보이겠지. 근데 마음은 계속 마른 장작처럼 타들어 가고 있었던 거야. 딱 그

표현이 떠오르더라. '토스트 아웃'. 아직 완전히 탄 건 아닌데, 겉은 노릇노릇하게 익어가고, 속은 점점 건조 해지는 상태. '조금만 더 가면 나도 탈 것 같아...' 피곤하고 지쳐있는데, 그냥 참는 걸로 하루를 버티는 그런 상태 말이야.

그런데 며칠 전 네가 나에게 아침에 전화했지. 그리곤 내가 말한 것과 똑같이 말했어. 시도 때도 없이 눈물이 난다고. 업무에 자기 계발에 운동에, 쉴 시간 없이 달리고 있는 게 맞는지 모르겠다고. 그때 나는 작년 이맘때 너와의 통화를 기억해 냈어. 아 이제는 내가 너에게 조언을 해 줄 차례구나! 하고 느꼈지. 힘들 때마다 서로에게 알맞은 조언을 해 주는 것. 그게 우리 사이의 특별함이니까.

요즘 주변을 보면 토스트 아웃을 호소하는 사람들이 정말 많아. 특히 너처럼 뭔가 이루고 싶은 게 많은 사람일수록 더 그래. 아침 6시에 눈 떠서 운동하고, 영어 공부하고, 퇴근하고 나서는 자기 계발까지 하고...... 그렇게 살아야만 뭔가 성취할 수 있을 것 같고, 안 그러면 뒤처지는 기분이 들잖아. 그런 걸 요즘 사람들은 '갓생 챌린지'라고 부르더라. 근데 그거, 생각보다 사람을 많이 소모하게 해. 자기 계발은 분명 좋은 일이야. 그걸 부정하려는 건 아니야.

하지만 자기 계발을 하면서 점점 더 피곤해지고, 목표를 이루지 못했을 때 자신을 자책하게 된다면, 그건 '계발'이 아니라 '과로'

가 되는 거야. 그래서 언니는 요즘 스스로 자주 묻는 말이 있어.

"이건 나를 더 나아지게 하는 일인가, 아니면 더 닳게 하는 일인가?"

너도 가끔은 이 질문을 해봤으면 좋겠어. 지금 하는 그 '열심히 사는 행위'가 정말 너를 살리는 길인지, 아니면 조금씩 갉아먹고 있는 건지.

우리의 몸과 마음을 갉아먹는 요소는 또 있어. 도사리고 있다는 게 어쩌면 더 맞는 표현일지도 모르겠다. 요즘은 자극의 시대잖아. 스마트폰만 켜면 재미있고, 짜릿하고, 감정을 휘젓는 콘텐츠가 끝없이 쏟아지지. 근데 그런 자극은 우리 뇌를 계속 긴장하게 만들어. 처음엔 재밌지만, 시간이 지나면 감각이 무뎌지고, 피로만 쌓여.

그래서 사람들은 '도파민 디톡스'라는 걸 해. 스마트폰을 잠시 내려놓고, 명상하거나 조용히 사색하는 시간. 딱히 멋진 뭔가를 하지 않아도, 그냥 자극 없이 '비워내는 시간'을 의도적으로 갖는 거야. 너무 바빠도 괜찮아. 단 10분이라도, 조용히 숨을 들이쉬고 내쉬면서 '아무것도 하지 않는 시간'을 만들어봐. 그게 뇌에는 최고의 회복이 되더라.

그리고 하나 꼭 말하고 싶은 게 있어. 요즘 사람들은 '강한 멘

탈'에 집착하는 경향이 있어.

 지칠 땐 지쳤다고 말하고, 무기력할 땐 쉬어가고, '오늘은 여기까지가 나의 한계야' 하고 인정할 수 있는 용기. 그게 바로 멘탈을 지키는 법이야. 그걸 못하고 끝까지 버티면, 결국 번아웃이 오고, 그때는 아무것도 하기 싫고, 삶이 텅 빈 것처럼 느껴지지.

 동생아, 우리가 멘탈을 잘 관리해야 하는 이유는 '효율적인 사람이 되기 위해서'가 아니라 '나 자신을 오래도록 건강하게 지켜주기 위해서' 야. 짧게 불타고 꺼지는 촛불이 아니라, 길고 따뜻하게 타오르는 등불처럼 살아가야 하니까.

 그러니까 너무 무리하지 마. 자기 계발도 좋고, 목표도 좋지만, 그보다 더 중요한 건 너를 소진하지 않는 삶의 균형이야. 네가 잘 살아가길 바라는 언니의 마음은 항상 같아. 무언가를 꼭 이뤄서가 아니라, 마음이 부서지지 않고, 자신을 아껴가며 살아가고 있어서 너를 자랑스럽게 생각할 수 있기를 바라. 그러니 이제 미라클 모닝은 조금 쉬어가는 게 어떻겠니?

◆ 너무 쉬어서 이제는 번아웃 한번 걸려보고 싶은 언니가

쿨해보이는 표정은 이제 그만

젊은이의 냉소는 위험하다

"뭐, 별로 재미없네."

네가 10살 때, 내가 15살이었을 무렵 우리 집에 자주 놀러 오던 언니 친구 P를 기억하니? 그 친구는 매사에 재미없다는 듯 콧방귀를 뀌는 게 습관이었잖아. 넌 항상 언니 친구들이 집에 오면 옆에 앉아서 같이 놀고 싶어 했지. 그게 귀엽기도 하고 때론 좀 부끄럽기도 했는데, 다행히 친구 대부분은 널 귀여워했어. P를 제외하곤 말이야.

우리가 한창 놀고 있을 때면, 그 친구는 갑자기 "흥, 재미없네. 뭐 이런 걸 하고 노냐. 어린애처럼." 하면서 시큰둥한 반응을 보였지. 그러면 방 안에 있던 우리가 모두 순식간에 김이 빠졌어. 그런데 넌 당당하게 "난 어린애인데?" 하고 맞받아치곤 했지. 그때마다 분위기는 다시 살아났고, 친구들 사이에서도 은근히 널 더 좋아하게 되었던 기억이 나. 냉소적인 기운을 걷어내는 데엔, 네가 최고였어.

그런데 요즘엔 참 이상해. 뭔가에 몰두하거나 마음을 다하는 사람보다, 다소 무심하고 냉소적인 사람이 더 멋있어 보이는 분위기가 있어. 감탄하면 '오버한다'라고 하고, 감동하면 '유치하다'라고 하지. 뭔가에 감정을 쏟아붓는 게 오히려 미성숙한 일처럼 취급받는 세상 같아.

하지만 그런 '쿨한 태도'의 속을 들여다보면 생각보다 서늘해. 냉소란 단어 자체가 '차가운 웃음'이라는 뜻이야. 누군가의 진심, 노력, 기대를 비웃는 건, 단지 유머의 형태가 아니라 깊은 불신과 실망의 표현이기도 해. 진심을 품고 살아가기엔 세상이 너무 각박하다고 느끼는 사람들이 택하는 자기방어 방식인 거지.

냉소적인 사람은 흔히 이렇게 말해. "어차피 다 똑같아. 기대하지 마. 해봤자 뭐 돼?" 그런데 그 말 속엔 '간절히 바라봤지만 결국 실망했다'라는 마음이 숨어 있어. 차라리 처음부터 기대하지 않으면 덜 아프니까, 애초에 아무것도 바라지 않는 척하는 거야. 마치 자기감정을 앞에 세우지 않음으로써 자신을 보호하려는 것처럼.

문제는 이 냉소가 자기 자신에게까지 미친다는 거야. 뭔가를 해보기도 전에 "어차피 안 될 걸 뭐 하러 해?"라는 생각이 들고, 열정을 가져보려 해도 "그런다고 뭐가 달라지겠어." 하는 마음이 먼저 막아버리지. 그렇게 자기도 모르게 가능성을 하나둘씩 지워나가. 그러다 보면 정말 좋은 기회가 와도 "그냥 별일 아니야"라고 넘기게 되고, 결국엔 어떤 일에도 마음을 담지 못한 채 살아가게 되는 거야.

더 무서운 건, 이런 냉소가 주변 사람들에게도 영향을 준다는 점이야. 누군가 뭔가에 열정을 쏟고 있을 때 "그거 해봐야 뭐하냐?"라고 툭 내뱉는 한마디가, 그 사람의 의지를 꺾어버릴 수도 있어. 순수하게 기뻐하는 사람을 보고 "너무 순진하다"라고 말하면, 그 사람은 다음부터 감정을 숨기게 되지. 그렇게 모두가 서로를 경계하고, 뭔가에 몰두하는 걸 멈추게 되면, 결국엔 기대도, 희망도, 없어져 버리는 거야.

냉소주의자는 겉으로는 세상을 꿰뚫어 보는 사람처럼 보일 수 있어. 위선을 꼬집고 허점을 날카롭게 지적하니까 말이야. 하지만 정작 그런 시선을 통해 무언가를 변화시키려는 의지도 없고, 자신의 진심도 꺼내놓지 않아. 모든 걸 비웃으면서도, 본인은 그 비웃음 뒤에 숨은 두려움을 드러내지 못하지. 그러다 보면 결국 어떤 일에도 집중하지 못하고, 마음을 쓰는 일이 점점 사라져. 삶이 깊어지기보단 점점 평평해지고, 무미건조해지는 거야.

그리고 그 끝에는 외로움이 있어. 냉소 뒤에는 상처받기 두려운 얼굴이 숨어 있거든. 내가 보기에, 냉소는 버림받고 싶지 않다는 마음의 반대말이야. '먼저 무시해버리면 덜 아플 것 같아서' 일부러 다가가지 않고, 마음도 열지 않지. 그렇게 조심조심 거리를 두다가 결국 아무에게도 진심을 주지 못하는 사람이 되어버리는 거야.

그러니 동생아, 혹시 네 마음 한편에서 세상이 재미없고, 아무것도 의미 없어 보인다고 느껴질 때가 있다면, 스스로 한번 물어봤으면 해. "진짜 아무것도 원하지 않는 걸까? 아니면 원하는 게 있는데, 갖지 못할까 봐 겁이 나는 걸까?" 하고 말이야.

냉소 대신 열정을 택하는 삶은 분명 더 많이 흔들리고, 더 자주 상처받을 수 있어. 하지만 그만큼 더 기뻐할 수 있고, 더 깊게 누군가와 연결될 수 있어. 세상을 진심으로 대하는 사람만이 변화도 만들고, 의미도 찾게 되거든.

네가 계속해서 감탄하고, 몰두하고, 진심을 표현하는 사람이었으면 좋겠어. 세상이 아무리 차가워 보여도, 그 안에서 따뜻하게 웃을 줄 아는 사람이 결국엔 가장 오래, 가장 깊이 빛나니까 말이야.

◆ 오늘도 냉소와는 거리가 먼 잘 웃고 잘 우는 철없는 언니가

즐거운 눈싸움

회복 탄력성

　네가 초등학교 4학년이었고, 언니는 중학교 마지막 학기를 보내고 있던 어느 겨울방학을 기억하니? 그땐 우리가 둘 다 집에만 있는 시간이 많았지. 언니는 입시에서 기대만큼의 결과를 받지 못해 좀 우울했었고, 너는 방학인데도 친구들과 놀 수 없어 심심해했지.

　그러던 어느 날, 눈이 펑펑 내리던 날이었어. 언니는 방 안에 틀어박혀 멍하니 창밖만 바라보고 있었고, 너는 거실에서 퍼즐을 맞추다가 갑자기 문을 벌컥 열고 들어왔지. "언니! 눈싸움하자!" 언니는 잠깐 웃고는 "귀찮아"라며 고개를 저었어. 그런데 너는 물러서지 않고 언니 손을 잡아끌었지. "세상에서 제일 재미없는 언니, 눈 좀 맞으러 나가자!" 그 말에 웃음이 터졌고, 우린 결국 마당으로 나갔어. 눈사람도 만들고 눈싸움도 했지. 처음엔 억지로 나갔지만, 금세 언니는 웃고 있었고, 네가 던진 눈덩이에 맞는 순간 이상하게도 아프지 않고 오히려 마음이 뜨끈해지는 걸 느꼈어. 마치 그 눈 위에서 언니 마음도 함께 녹아내리는 기분이었거든.

그날 언니는 깨달았어. 다시 일어서는 데 필요한 건 대단한 결심이나 극적인 변화가 아니라는 걸. 그냥 옆에 있는 누군가의 다정한 한마디, 작은 손길 하나가 마음의 방향을 조금 바꿔놓을 수 있다는 걸 말이야. 그게 바로 회복 탄력성이야. 넘어졌을 때 다시 일어나는 힘, 흔들렸을 때 다시 중심을 잡는 능력. 어떤 사람은 작은 실패에도 무너지고, 어떤 사람은 큰 상처에도 다시 웃을 수 있는 차이가 있다면, 그건 바로 이 회복 탄력성에서 비롯된다고 하더라.

많은 사람은 착각하며 살아가지. 이 힘은 특별한 사람만 가진 거라고. 하지만 언니는 믿어. 회복 탄력성은 타고나는 게 아니라, 일상에서 만들어지는 거라고 말이야. 네가 어렸을 때 자전거를 배우다가 수없이 넘어지고 멍이 들었지. 그런데 그다음 날이면 꼭 다시 페달을 밟았어. 아무 일 없다는 듯이. 친구랑 싸운 날에도 이불 뒤집어쓰고 울다가, 금세 웃으며 다시 놀았고. 다쳐도, 속상해도, 다시 한번 해 보는 마음. 그 마음이 반복되면, 어느새 그게 네 안의 '힘'이 되어 있더라.

지금 우리도 인생이라는 길 위에서 자주 넘어지지. 예상했던 일이 어그러지고, 누군가의 말에 상처받고, 스스로 실망할 때도 있어. 하지만 그럴 때일수록 꼭 기억해 줬으면 해. 실패는 끝이 아니라는 것. 마음이 무너졌다고 해서 네 존재까지 무너지는 건 아니라는 것. 그리고 회복 탄력성은 완벽한 해결에서 비롯되는 게 아니라, "다시 해 보자"라고 작게 중얼거릴 수 있는 용기에서 시작된다는 것을.

미국 심리학자 마틴 셀리그먼은 이런 말을 했어.

"낙관주의는 실패를 재해석하는 방식이다."

회복력이 있는 사람은 실패를 '끝'으로 보지 않아. 오히려 다음 시도를 위한 '시작점'으로 바라보지. 넘어졌다는 사실보다, 다시 일어나려는 자세가 훨씬 더 중요한 거야.

언니는 너를 보면서 그걸 자주 배워. 네가 블록 쌓기를 하다가 무너지면 "이럴 수가!" 하면서도 금세 웃으며 다시 처음부터 쌓기 시작하던 모습, 지금도 기억나.

어쩌면 우리 가족 중에서 회복 탄력성이 가장 높은 사람은 너였던 것 같아.

또 하나 기억나는 게 있어. 중학생 때였나, 네가 반 친구들이랑 조금 어색해졌을 때. 며칠 동안 말도 없고 풀이 죽어 있었는데, 어느 날 네가 조용히 언니 방으로 와서 말했지. "언니, 내가 이런 말 했으면 어땠을까?" 하며 친구에게 쓰려던 사과 편지를 보여줬잖아. 그걸 보고 언니는 놀라웠어. 상처받고 움츠러들 수 있는 상황에서, 다시 손을 내밀겠다는 그 용기가.

사과는 단지 미안하다는 말이 아니라, 관계를 다시 이어보겠다는 의지잖아. 그때 네가 쓴 메모 한 장, 그건 네 마음이 얼마나 유연하고 단단한지를 보여주는 증거였어.

독일 작가 헤르만 헤세는 이런 말을 했어.

"고통은 자라나는 것이다."

우리는 아프고 흔들릴 때, 가장 많이 자라지. 그 시간을 버티면, 어느새 우리가 더 단단해져 있더라고. 그러니 너에게 어떤 어려움이 닥치더라도, 그걸 감추려 하거나 부끄러워하지 않았으면 좋겠어. 버티고 있는 것만으로도 이미 충분히 잘하고 있는 거니까.

언니는 지금도 힘들 때면 너와 했던 그 눈싸움을 떠올려.

그 눈밭 위에서 함께 웃고, 넘어지고, 다시 일어났던 기억이, 언니 마음의 연료가 되어주거든. 그러니 동생아, 혹시 네가 언젠가 지칠 일이 생기더라도, 마음속 어딘가에는 분명 다시 웃게 해 줄 불씨 하나가 남아 있을 거야. 그 불씨를 지키고, 다시 피워낼 수 있는 용기를 잃지 않기를 바란다. 그리고 언젠가는 너도 누군가에게 그런 불씨가 되어주는 사람이었으면 좋겠어. 사람은 혼자서만은 회복하지 못하니까, 가끔은 아주 작은 다정함 하나가 누군가를 일으켜 세우는 기적이 되기도 하거든.

사랑하는 동생아,

오늘도 잘 버텨줘서 고맙고, 내일도 다시 일어나 줄 너라서 든든해. 그러니까 꼭 기억해.

너는 이미 자신을 일으킬 줄 아는 사람이라는 걸.

◆ 회복 탄력성을 가르쳐 주는 학원은 없는지 고민하는 약해빠진 언니가

무언가에 깊이 빠져드는 것의 가치

몰입의 힘

예전에 우리가 함께 만들기 놀이에 빠졌던 어느 여름방학을 기억하니? 그땐 무더운 날씨에 밖에 나가지도 못하고, 집 안에서 심심해하던 우리가 색종이, 종이컵, 풀, 테이프를 모아 진짜처럼 보이는 과일 가게를 만들기로 했었잖아. "나는 사과랑 바나나 담당!"하면서 너는 신나게 가위질하고, 언니는 가격표랑 간판을 만들었지. 그 작은 종잇조각 하나 자르는 데도 우리는 진지했어. 점심시간이 지난 것도 모르고, "가게 문 닫습니다!" 소리칠 때까지 둘 다 완전히 집중했던 기억이 나.

그날 언니는, 땀에 젖은 이마와 접착 풀 묻은 손이 그렇게 자랑스러워 보일 수 있다는 걸 처음 알았어. 그렇게 한 가지에 푹 빠져서 시간 가는 줄 모르고 무언가에 몰입하는 경험, 그게 바로 삶을 풍요롭게 만드는 순간이야. 우리는 그때 그것이 '몰입'이라는 걸 몰랐지만, 돌이켜보면 너와 함께한 그 날은 언니가 몰입이란 걸 하면서 처음으로 그 기쁨을 느꼈던 날이었어.

'몰입'이란 단지 집중하는 걸 말하는 게 아니야. 그건 나를 잠시 내려놓고, 평가나 결과에 얽매이지 않은 채 어떤 일에 깊이 빠져드는 상태야. 몰입하는 순간 우리는 세상의 소음을 잠시 멈추고, 나 자신과 더 가까워지게 돼. 그래서 몰입은 세상으로부터의 도피가 아니라, 오히려 진짜 나에게 돌아가는 길이라고도 할 수 있어.

이쯤에서 언니가 꼭 소개하고 싶은 사람이 있어. 바로 17세기 네덜란드의 화가 요하네스 페르메이르야. 그의 대표작인 <진주 귀걸이를 한 소녀>는 너도 한 번쯤은 본 적 있을 거야. 부드러운 빛, 조용한 분위기, 정지된 듯한 순간—페르메이르의 그림은 보는 이로 하여금 숨을 죽이게 하지.

그는 유명한 화가도 아니었고, 평생 그린 그림도 많지 않았어. 하지만 그가 남긴 작품 하나하나에는 믿을 수 없을 만큼 정밀한 관찰과 집중이 담겨 있어. 한 장의 그림을 완성하기 위해 몇 달씩 공을 들였고, 그림 속의 작은 빛 하나까지 끈질기게 다듬었지. 페르메이르의 삶은 외적으로는 가난했고, 인생 대부분이 조용했지만, 그 내면의 세계는 누구보다 풍요로웠어. 그건 그가 '깊이 들여다보는 사람'이었기 때문이야. 화려한 주제 대신 평범한 일상을 택하고, 그 안에서 아름다움을 끌어냈던 그는, 몰입의 예술가였지.

언니는 그의 그림을 볼 때마다 이런 생각을 해.

"몰입이란 대단한 걸 하는 게 아니라, 지금 내 앞에 있는 이 순간을 얼마나 깊이 바라보느냐에 달린 거구나."

그게 창가에 앉은 여인의 눈빛이든, 책상 위의 잉크병이든, 한 컷의 장면 속에 우주의 고요함을 담을 수 있는 사람. 그게 바로 몰입의 힘이야.

그리고 언니는 생각해. 우리가 삶에서 자주 지치고 흔들리는 건, 무언가를 못 해서가 아니라, 집중하지 못해서 그런 게 아닐까 하고. 생각이 자꾸 분산되고, 남의 시선이 앞서고, 결과만 신경 쓰다 보면 '지금 여기에 있는 나'는 자꾸 흐릿해져. 그럴 때 필요한 게 바로 몰입이야. 몰입은 흐트러진 마음을 다시 모아주고, 흩어진 나를 한곳으로 모이게 해줘.

너도 어릴 때부터 그런 능력이 있었어. 예전에 언니가 기억하는 장면 하나가 있어. 한 번은 네가 작은 케이크를 오븐에 굽고 있었지. 그때 너는 30분 내내 오븐 앞에 웅크리고 앉아 있었어. 타이머가 울릴 때까지 눈을 떼지 않고, 오븐 속 반죽이 부풀어 오르는 걸 보고 있었던 그 모습이 얼마나 인상 깊었는지 몰라. 그건 단순히 굽는 게 아니었어. 네가 그 과정을 얼마나 사랑했는지, 얼마나 몰입했는지가 느껴졌거든.

사실 언니도 요즘 가끔 무기력해질 때가 있어. 해야 할 일이 많은데 아무것도 손에 잡히지 않을 때, 무언가를 잘해 내고 싶은데 자꾸 산만해질 때 말이야. 그럴 땐 언니도 일부러 글을 써. 누가 읽지 않아도 괜찮아. 한 문장 한 문장 쓰다 보면, 나도 모르게 몰입하게 되고, 그 순간 마음속에 뒤엉켜 있던 감정이 정리되고, 숨이 조금 더 깊어져. 이렇게 몰입은 그렇게 나를 다시 '나'로 되돌려 주는 시간이기도 해.

동생아, 혹시 요즘 마음이 흐릿하고, 뭘 해도 재미없고, 뭔가를 해 내야 한다는 부담감이 자꾸 커지는 날이 있다면, 결과는 잠시 내려놓고, 과정에 빠져볼 수 있는 일을 찾아봐. 그게 아주 작은 일이어도 괜찮아. 산책이든, 그림 한 장이든, 종이접기든, 네가 고요히 빠져들 수 있는 그 무엇이 있다면, 그건 이미 너의 삶을 빛나게 해 줄 열쇠야. 몰입하는 사람은 비교하지 않아. 몰입하는 사람은 조급하지도 않아. 몰입은 우리를 '지금 여기'로 불러들이고, 그 순간을 진심으로 살게 해 주니까.

사랑하는 동생아, 너는 이미 그런 시간을 살아본 적 있는 아이야. 그러니 지금도 그 힘은 너 안에 있어. 다만 어른이 되면서 잠시 잊고 있었을 뿐이지. 그러니 다시 기억하자. 네가 가장 너다워질 수 있는 시간은, 남이 정해준 목표를 향할 때가 아니라 스스로 몰입할 수 있는 순간에 있다는 걸.

◆ 오늘도 고단한 하루였을 너에게 작고 조용한 몰입의 시간이 찾아들기를 바라며

항상 너를 믿는 언니가

모든 것이 나의 일부다

나다운 사람 되는 법

다들 장난감에 열중하던 그 시절, 너는 종이 한 장으로 세상을 만들고 있었어. 기억나니? 초등학교 저학년이던 어느 날, 네가 혼자 거실 바닥에 앉아 색종이로 엄청난 작품을 만들던 날. 모든 친구가 '포켓몬 장난감'을 가지고 놀던 시기였는데, 너는 그 장난감에는 눈길도 주지 않고 끝도 없는 종이접기를 하고 있었지.

"왜 그걸 그렇게 오래 해?"하고 물었더니, 넌 심드렁하게 "그냥 이게 좋아"라고 했고. 그 단순한 대답이 언니 마음속엔 오래 남았어. 다들 같은 걸 좋아하고 같은 걸 갖고 싶어 할 때, 너는 네 마음을 잘 알고 있었던 거야. 지금 생각해 보면 그건 '너답게 사는 연습'이었지 않았을까 싶어.

요즘 언니는 자주 이런 질문을 해. '나는 정말 나답게 살고 있는 걸까?' 누가 정해준 기준이 아니라, 내 안에서 우러나는 감각을 따라 살고 있는 걸까. 살다 보면 사람들은 우리에게 많은 '정답'을 들이대. 어떤 성격이 매력적인지, 어떤 선택이 현명한지, 무엇을 이루어야 멋진 인생인지. 그 기준들 속에서 우리는 점점 눈치를 보게 되고, 어느 순간 내 마음보다 타인의 시선을 먼저 살피게 되지.

언니도 그런 시간을 겪었어. 현명하게 살고 싶어서 내 생각과 본성을 억제했던 날들. 그래서 이제는 조금씩 알게 됐어. 내가 나로 산다는 건, 내가 완성되었기 때문이 아니라, 있는 그대로의 나를 부끄러워하지 않을 때 시작된다는 걸. 그건 내가 잘난 사람이라는 뜻이 아니야. 오히려 모난 부분, 서툰 마음, 눈물 자국까지도 내 일부로 받아들이는 용기에서 비롯돼. 변명도, 과장도 없이, 나 자신을 솔직하게 바라보는 것. 그걸 해 낼 수 있는 사람은 더 깊은 사람으로 자라나더라.

언니는 네가 중학생이던 시절을 떠올려. 그때 넌 유행에서 한참 지난 캐릭터가 그려진 필통을 들고 다녔지. 친구들이 "왜 그거 아직도 써?" 하고 웃었을 때, 넌 "내가 좋아하는 거니까"라고 조용히 말했잖아. 그건 단순한 고집이 아니라, 네 취향과 감정을 지킬 줄 아는 너의 태도였어. 언니는 그 말이 참 멋졌어.

그리고 어느 날은 네가 울먹이며 말했지.

"나 너무 소심한 거 같아. 그냥 좀 더 둔했으면 좋겠어."

그때 언니는 이렇게 말했어.

"소심하다는 건 단점이 아닐지도 몰라. 마음이 얇고 예민해서 상처를 더 쉽게 받는다는 뜻이기도 하지만, 그만큼 다른 사람의 아픔에도 더 깊이 반응한다는 뜻이기도 해."

너는 네가 생각하는 약점 속에, 사실 아주 귀한 능력을 숨겨두고 있었던 거야.
조금 서툴고 예민한 모습도, 네 안의 일부라는 걸 인정할 수 있다면, 그 순간 우리는 조용히 말할 수 있어.

"So, it is me."

그 한 문장은 거창하지 않지만, 가장 솔직하고 단단한 자기 선언이야. 그 말에는 과장도, 포장도, 두려움도 없지. 오직 있는 그대로의 나를 받아들이는 사람만이 낼 수 있는 목소리거든.
우리는 모두 상처가 있어. 그걸 감추고 괜찮은 척하는 데 익숙해지면, 나조차 내 진짜 마음을 몰라보게 돼. 하지만 그 상처를 껴안고 살아가는 사람은 다른 이의 아픔도 쉽게 놓치지 않고,

자신을 더 깊이 이해할 수 있게 되더라. '나답게 산다'라는 건 무언가를 해 냈기 때문에 붙는 이름이 아니야. 그건 흔들리는 날에도 자기감정을 숨기지 않고 느끼는 태도에서 시작돼. 남들이 보는 나와, 내가 느끼는 나 사이의 거리를 조금씩 좁혀가는 일. 그게 매일의 연습이고, 그게 곧 성장이지.

혹시 요즘 스스로가 마음에 들지 않을 때가 있다면, "왜 나는 이렇지?"라고 자책하기보다 "그래, 이런 모습도 내 일부야"라고 말해봐. 그 말 하나가 비난에서 수용으로, 수치심에서 존중으로 너를 이끌어줄 거야. 언니도 마찬가지야. 예전엔 부족한 나를 숨기려고 애썼지만, 지금은 그런 나도 나라고 생각하면서, 오히려 마음이 더 편해졌어(사실 조금 더 수련이 필요해).

동생아, 언니는 네가 자신을 꾸며내지 않아도 괜찮다고 느낄 수 있었으면 해. 단점도, 실수도, 상처도 덮지 않고 네 일부로 인정할 수 있는 사람이 되길 바라. 그게 진짜로 나로 산다는 거니까. 남들과 비교하지 않아도, 인정받지 않아도, 하루의 끝에서 "나는 오늘도 나였어"라고 말할 수 있다면, 그건 이미 충분히 멋진 삶이야. 오늘도 너답게 살아줘서 고맙고, 내일도 그 모습 그대로 살아줘서 든든해.

◆ 나다움이 무엇인지 다시 찾으려고 열심히 노력하고 있는 언니가

에필로그

너무 소중해서

◆

    동생과 저는 가장 가까운 사이이자, 가장 좋은 친구입니다. 우리는 매일 통화를 합니다. 서로 살아가는 이야기를 하다 보면 덜 힘든 쪽이 꼭 더 힘든 쪽을 위로해 주고 있는 우리를 발견하게 됩니다. 각자 상대에게 해 주고 싶은 이야기가 많아 밤을 새울 때도 있습니다.

    동생은 부모님이 해 줄 수 있는 가장 큰 선물이라는 어느 공익광고의 카피처럼 동생은 저에게 가장 큰 선물입니다. 동생은 제가 제2의 부모님이라고 어버이날에 저까지 챙깁니다. 그런 동생에게 해 줄 수 있는 것이 무엇이 있을까 고민하다가 이 책을 쓰기 시작했습니다.

    하지만 쓰면 쓸수록 이 이야기는 저 자신에게 해 주고 싶은 이야기가 되어갔습니다. 직장생활로 힘들 때, 무기력해서 아무것도 하고 싶지 않을 때, 심지어는 살고 싶지 않을 때……. 그럴 때 제가 옆에 두고 여러 번 읽을 책을 제 손으로 써가고 있었던 것이지요. 이 책을 쓰며 저는 자신을 스스로 치유하는 느낌을 받았습니다.

부디 이 책이 당신의 일상에 아주 작은 온기로 남기를. 어떤 날엔 문득 떠오르는 문장으로, 어떤 날엔 다시 꺼내 읽고 싶은 조각으로 머물 수 있기를 바랍니다.

소중한 사람에게 책을 써 선물한다는 것은 정말 큰 행운이자 기적입니다. 그런 기적을 만들어 준 작가의집 출판사 황준연 대표님과 오형석 편집장님, 그리고 책 쓰기를 시작하도록 힘을 준 내 소중한 동생에게 감사함을 전합니다. 책 쓰는 동안 집안일과 요리를 100% 책임져 준 남편에게도요.

네가 너무 소중해서

발행일	2025년 7월 16일 초판 1쇄
지은이	전지민
펴낸이	황준연
표지 본문 디자인	오형석
펴낸곳	작가의 집
출판사등록	2024.2.8(제2024-9호)
주소	제주도 제주시 화삼북로 136, 102-1004
이메일	huang1234@naver.com
연락처	010-7651-0117
홈페이지	https://class.authorshouse.net
ISBN	979-11-94947-10-3(03810)

· 이 책은 저작권법에 의하여 보호를 받는 저작물이므로 무단 전재와 복제를 금합니다.
· 파본은 구입하신 서점에서 교환해드립니다.